_____ 님께 드립니다.

인생에 답이 필요할 때

최고의 명언을 만나다

인생에 답이 필요할 때
최고의 명언을 만나다
10인의 철학자와 나누는 지적 대화 176

초판 1쇄 발행 2020년 7월 10일
초판 2쇄 발행 2020년 7월 15일

지은이 김달국
편집인 옥기종
발행인 송현옥
펴낸곳 도서출판 더블:엔
출판등록 2011년 3월 16일 제2011-000014호.

주소 서울시 강서구 마곡서1로 132, 301-901
전화 070_4306_9802
팩스 0505_137_7474
이메일 double_en@naver.com

ISBN 978-89-98294-79-3 (03190)

인생에 답이 필요할 때

최고의
명언을
만나다

10인의
철학자와 나누는
지적 대화 176

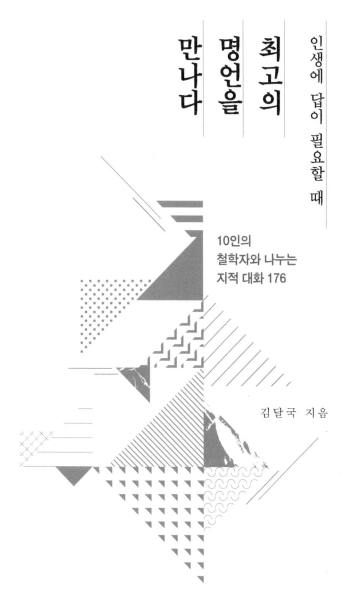

김달국 지음

더블:엔

삶은 딱 한 번의 선물이지만 그것을 즐기기에는 현실이 녹록
치 않다. 사랑하며 살아도 짧은 인생인데 갈등은 계속된다.
오늘을 더 아름답게 살고 싶지만 어제 같은 날의 연속이기 십
상이다. 타인을 의식하지 않고 자기답게 산다는 것은 쉽지 않
다. 언젠가는 닥칠 죽음은 여전히 오리무중이다. 세상을 한 폭
의 수채화처럼, 소풍처럼 살아가는 방법은 없을까?

삶의 길을 찾기 위해 철학자, 사상가, 종교인 등 10인의 인류
의 스승을 찾아 물었다. 뉴턴은 "내가 더 멀리 보았다면 이는
거인들의 어깨 위에 올라서 있었기 때문이다"라고 말했다. 내
가 찾은 10인은 나의 거인들이다. 나도 그들의 어깨 위에서 멀
리 보고 싶었다. 하나의 금맥을 찾기 위해 수많은 금광을 뒤져
야 하듯이, 하나의 길을 찾기 위해 대가들의 수많은 말과 글을
찾았다.

큰 산맥과 같은 스승들의 사상을 몇 개의 봉우리만 보고 다 알수는 없지만 그 중에서 가장 빛나는 것을 골랐다. 그들은 금맥과 다이아몬드의 원석을 보여주었지만 반지와 목걸이를 만들어주지는 않았다. 보물에 가공이 필요했다. 삶에서 바로 쓸 수 있도록 하려면 그런 작업이 필요하다.

학창시절 이해되지 않던 수학 문제를 반장한테 쉽게 배운 경험이 있었다. 나는 그런 반장의 역할을 하고 싶었다. 사족을 피하면서 대가들의 사상에 누가 되지 않도록 노력했다. 짧은 글들이 독자 여러분들의 삶에 녹아들어 삶이 수채화처럼 산뜻하고 아름답길 바란다.

2020. 6. 김달국

차 례

에머슨

쇼펜하우어

니체

틱낫한

안셀름 그륀

발타자르 그라시안

오쇼 라즈니쉬

크리슈나무르티

칼릴 지브란

톨스토이

PART 01

•

에머슨

Ralph Waldo Emerson, 1803~1882

E M E R S O N

미국 보스턴에서 태어났다. 19세기 미국의 시대정신을 대변하는 대표적인 인물로, 산문학자이자 사상가, 초월주의 시인이다. 목사 집안에서 태어나 하버드대학교 신학부를 졸업하고 1829년에 목사가 되었으나 종교의 형식과 교리에 부딪쳐 1832년에 사임하였다.

미국 최초의 대중 강연가이기도 한 그는 전국을 순회하며 새로운 미국 문화의 필요성을 역설하고 사람들에게 인생을 조화롭게 살아가는 지혜를 전했다. 그의 저작은 로렌스 뷰얼이 '미국 자체'라고 할 만큼 그 영향이 지대하며 소로우, 휘트먼, 니체 등 당대의 문인과 사상가뿐만 아니라 현재의 정치·경제 지도자들에게 삶의 지침을 주었다.

저서로 《자연론》《대표적 위인론》《영국 국민성론》 등이 있다.

매일매일이 새로운 인생

만약 인생이 경이로움으로 가득 차 있지 않다면
인생은 살 만한 가치가 없으리라.
아침에 깨어나 창가에서 먼동이 트는 것을 바라보며
나는 발견하게 된다.
지난날의 모든 생활습관을 뭉개버리고
새로운 생활로 나를 초대하는 '자연'의 새로운 비밀을.

 한결같은 모양으로 흐른다고 해서 같은 강물이 아니듯이 매일 뜨고 지는 해도 같은 날이 하루도 없다. 오늘의 삶은 어제의 연속이 아니라 또 다른 선물이다. 그 선물은 지금 먹지 않으면 금방 녹아내리는 아이스크림처럼 오늘 쓰지 않으면 영원히 사라져 버린다.

'오늘'이라는 선물은 자연의 당연한 초대가 아니다. 밤 사이에 초대받지 못한 손님이 얼마나 많은가. 우리는 언젠가 더 이상의 초대를 받지 못하게 될 것이다. 새소리, 바람, 햇볕, 구름과 하늘, 나무, 물 등 수없이 많은 귀한 선물이 '오늘'이라는 선물 속에 있다. '오늘'이라는 자연의 초대에 기꺼이 응하여 마음껏 행복한 파티를 즐겨라.

● 에머슨

나답게 사는 법

다른 사람들의 의견대로 사는 것은 쉽다.
나 홀로 나의 의견대로 사는 것도 쉽다.
그러나 위대한 사람은 많은 사람들 가운데에서도
참으로 부드럽게 고독의 독립을 유지할 줄 안다.

연꽃은 진흙 속에 있어도 젖지 않고 바닷물고기는 바다에서 살지만 짜지 않다. 세상 사람들 속에 휩쓸려 철새처럼 살아서도 안 되지만 독불장군으로 살아서도 안 된다. 다른 사람과 어울리되 자기답게 살라. 공자는 일찍이 '화이부동(和而不同)'이라는 말로 이 말을 전했다.

나도 과거에는 '마음씨 좋은 사람'이었다. 내 생각을 잘 드러내지 않았다. 거절하는 일이 가장 어려웠다. 그러나 지금은 아니다. 가끔 "자기주장이 강하다"는 말을 들을 때가 있다. 그것도 좋은 것은 아니다. 가장 좋은 것은 '마음씨 좋은 사람과 자기주장이 강한 사람과의 조화를 이룬 사람'이다. 나는 그런 사람이 되려고 한다.

지금이 가장 좋은 시간

인간은 현재를 살지 않고
눈을 돌려 과거를 탄식하거나,
자신을 둘러싸고 있는 풍요로움에 관심을 두지 못한 채
미래를 내다보려고 발끝으로 서 있다.
시간을 초월하여 자연과 더불어 현재를 살지 못한다면
인간은 결코 행복하거나 굳세게 살 수 없다.

우리는 지나간 축제를 떠올리느라 지금 연주되는 음악을 놓치고, 멀리 있는 꽃을 보기 위해 발밑에 있는 꽃을 밟고 있다. 많은 시간을 흘려보낸 후에야, 누구에게도 사랑을 주지 못하고 자신을 사랑하지 않았다는 걸 후회한다.

벚꽃이 만발한 계절에 딸과 친구, 두 명의 청춘을 태우고 꽃길을 달리며 말했다.
"참 좋은 계절이다. 꽃도 청춘도……."
딸의 친구가 뒤에서 말했다.
"아버님도 참 좋은 계절이에요."
아직 어린 줄 알았는데 젊은 철학자가 타고 있었다.

성공이란 무엇인가 *

자주 그리고 많이 웃을 것
현명한 사람들에게 존경을 받고
아이들에게서 사랑을 받는 것

정직한 비평가의 찬사를 듣고
잘못된 친구들의 배신을 참아내는 것

아름다움을 식별할 줄 알며
다른 사람에게서 최선의 것을 발견하는 것
건강한 아이를 낳든,
한 뙈기의 정원을 가꾸든,
사회 환경을 개선하든,
자기가 태어나기 전보다
세상을 조금이라도 살기 좋은 곳으로
만들어 놓고 떠나는 것

자신이 한때 이곳에 살았음으로 해서
단 한 사람의 인생이라도 행복해지는 것
이것이 진정한 성공이다!

젊을 때부터 이 글에 감동받아 가슴에 품고 살았다.

포스코 신입사원 최종면접에서 이 문장을 써먹을 기회가 왔다.

최종 면접관인 부사장이 질문을 했다.

"당신의 인생관에 대해 말해보시오."

먼저 이 글이 생각나서 약간 패러디하여 답변했는데 홈런이 되었다.

"저의 인생관은 저를 아는 사람이 저로 인하여 조금이라도 행복하고, 저가 있는 곳이 어디이든 조금이라도 더 좋은 곳으로 바꾸는 것입니다. 저가 포스코에 없을 때보다 있음으로 해서 조금이라도 더 좋은 회사가 될 수 있도록 하겠습니다."

부사장의 환한 얼굴이 보였다. 그 앞의 질문에 시원하게 답변을 하지 못한 나의 가슴이 탁 트이는 듯한 느낌이 들었다. 약 열흘 후 합격통지서가 날아왔다.

사는 동안 자신의 존재를 더 나은 위치로 올려놓고

자신의 선한 영향력을 세상과 사람들에게 남겨놓고 떠날 수 있다면 그것이 좋은 삶이고 성공이다.

(*) 이 글은 에머슨의 글로 널리 알려져 있지만 고려대학교에서 〈에머슨의 중립성 추구 : 삶의 양극적 모순에 관한 생태적 통찰〉로 박사학위를 받고 20여 년간 에머슨에 관한 연구를 해온 서동석 교수에 따르면, 이 글은 에머슨의 글이 아니라, 에머슨이 이 글로 인하여 더 많이 알려지게 되었다고 한다.

위대한 것은 오해받는 법

어리석은 일관성은

옹졸한 정치인들과 철학자들과 신학자들이 숭배하는

범부들의 도깨비장난에 불과하다.

위대한 영혼은 일관성과 전혀 상관이 없다.

벽에 생긴 자신의 그림자를 걱정하는 것과 같다.

그대가 현재 생각하는 것을 확고한 언어로 말하라.

비록 오늘 그대가 말한 모든 것과 모순될지라도,

내일은 내일 생각하는 것을 확고한 언어로 다시 말하라.

아, 그러면 그대는 분명 오해받을 것이다.

오해 받는 것이 그렇게 나쁜 것인가?

피타고라스도 오해 받았고

소크라테스, 예수, 루터, 코페르니쿠스, 갈릴레이, 뉴턴 등

육체를 가진 순수하고 현명한 정신은 모두 오해받았다.

위대한 것은 오해받는 법이다.

역사를 발전시킨 사람은 소수의 오해받는 사람이었다. 자신을 단단히 받치고 있는 사상의 기둥이 흔들려서는 안 된다. 뱀은 허물을 벗으며 자라고, 사람은 사고의 틀을 깨면서 성장한다.

처음과 생각이 달라졌다고 해서 문제가 되지 않는다. 젊었을 땐 "첫인상이 중요하다"고 말하던 사람이 나이가 들어선 "첫인상은 믿을 것이 못 된다. 뒷모습이 아름다운 사람이 되어야 한다"고 말하더라도 이상한 것이 아니다.

일관성이 중요한 것이 아니다. 경험이 달라지면 생각이 바뀌기 마련이고 나중의 생각이 더 진실한 것이면 그 생각을 확실히 말하라.

사람을 알려면

사람은 그가 읽은 책과 그가 사귀는 친구,

그의 칭찬의 대상과 옷차림과 취미,

그가 말하는 이야기와 걸음걸이와 눈의 움직임,

그의 집이나 방을 보면 알 수 있다.

이 세상에 고독한 것은 아무 것도 없기 때문이다.

그러나 모든 것은 무한한 친화력을 가지고 있다.

그 사람이 읽은 책과 사귀는 친구를 보여주면 그 사람에 대해 말할 수 있다. 책은 그 사람의 정신세계를, 친구는 그 사람의 인품을 말해주기 때문이다. 칭찬은 그 사람의 내공의 깊이를 보여주며, 옷차림은 상대에 대한 배려를, 취미는 내면의 향기를 보여준다.

그의 이야기는 내적 성숙도를 보여주고 눈은 마음의 움직임을 보여준다. 그의 집과 방은 주인을 닮아간다.

책

인간이 위대해질수록
책은 보잘 것 없는 것이 된다.
날이 갈수록 책의 저자와의 거리는 좁혀지고
마침내 그가 책을 읽을 때 높은 찬사를 보낼 수 있는
저자의 수도 적어지게 되리라.

몇 나라를 여행하면 사람 사는 게 다 다른 것 같지만, 많은 나라를 여행하면 다 비슷하다고 느낀다. 여행을 통해 견문이 넓어지고 문명의 다양성 속에서 보편성을 볼 수 있기 때문이다.

책도 마찬가지다. 처음 몇 권을 읽을 때는 환호를 하지만 수많은 책을 읽으면 덤덤해지게 된다. 독서를 통해 진리는 단순한 데 있다는 것을 알게 되기 때문이다. 더 깊이 공부하면 단순함에서 나오는 진리의 세계를 알게 되고 독자로서의 수준이 저자와 비슷한 경지에 이르게 된다.

책은 어떻게 읽어야 하는가

책은 창조적인 일의 계기가 되는
기발한 착상이나 자극을 얻을 때에는 쓸모가 있다.
책에 너무 사로잡혀 자신의 일이 발전하는
본격적인 방향과 단계에서 벗어나서는 곤란하다.
스스로 일정한 원리나 짜임새를 조직적으로 만들지 않고
그 주변부를 맴돌 바에는
차라리 책을 읽지 않는 것이 낫다.

목적과 수단을 혼동하는 경우가 있다. 독서가 실제
적인 사색에 방해가 되는 경우도 있다. 책은 사색을
위한 재료이지 목적은 아니다. 독서가 식사라면 사색은 소화
다. 사랑을 하지 않고 연애론만 읽어서는 안 된다. 책이 삶의
길을 밝혀주지만 진정한 삶은 길 위에서 이루어진다. 독서의
궁극적인 목적은 세상을 보는 바른 인식을 가지고 자신의 삶
을 더 나은 것으로 바꾸는 것이다. 책이 삶을 깊게 만들지만
삶의 완성은 행동으로 이루어진다.

존경받는 사람

사람들은
숨은 재산보다 밖으로 쓰이는 재산에 의하여,
이해하는 능력보다 행동하는 능력에 의하여,
그들의 존경을 달리한다.

돈은 가진 자의 것이 아니라 쓰는 자의 것이다. 가슴 속에 큰 사랑이 있어도 표현하지 않으면 사랑이 아니고, 좋은 악보라도 연주하지 않으면 음악이 아니다. 쓰지 않는 자는 가진 것을 자랑해서는 안 된다. 가진 것을 자랑하면서 쓰지 않는 자는 경멸당하기 쉽다. 이해는 행동의 시작이지만 행동하지 않는 이해는 당기지 않은 화살이다.

우리는 재산이나 지식으로 상대를 평가해서는 안 된다. 그 재산을 어떻게 쓰며, 알고 있는 것과 행동하는 것이 얼마나 일치하는가를 가지고 판단해야 한다. 지행합일(知行合一)이 되는 사람을 우리는 존경한다.

내 안의 가능성

그대 안에 있는 힘은

모자람이나 흠이 없이 새로운 것이고,

그대가 무엇을 할 수 있는지는

그대 자신을 제외하고는 그 누구도 알 수 없다.

그것 또한 그대 스스로 해보지 않고서는

아무 것도 알 수 없다.

신은 결코 비겁한 자를 통해서는

신의 일이 드러나는 것을 허용하지 않는다.

자신을 믿어라. 각자가 가장 잘할 수 있는 일을 창조 주는 숨겨두었다. 나는 어렸을 때부터 책은 좋아했지만 책을 쓸 것이라고 생각하지 않았다. 어느 순간 내 안에서 꿈틀거리는 욕망을 느꼈다. 43세에 처음으로 책을 쓰겠다고 했을 때 나를 지지하는 사람은 아무도 없었다. 나는 자신을 믿었다. 그 후 매년 한 권의 책을 쓰고 있다. 내가 하고 싶은 것을 해보지 않았다면 오늘의 나는 없었을 것이다.

모든 일은 평준화된다

자연은 독점과 예외를 싫어한다.
파도가 가장 높은 파고에서 빠르게 수평을 찾으려 하듯이,
다양한 조건들도 스스로 균형을 잡으려는 경향이 있다.
거만한 자, 강한 자, 행운아들을 실질적으로
다른 모든 사람들과 같은 위치로 끌어내려
평균화하는 상황이 언제나 존재한다.

주사위를 많이 던지면 숫자가 비슷하게 나오듯이 행운과 불운도 특별한 사람에게만 가는 것이 아니다. 물은 높은 곳에서 낮은 곳으로 흐르고, 앞서 가는 사람은 추월당한다. 행복이 극에 달할 때 불행의 싹이 트고, 불행의 끝이 보이지 않을 때 행복이 찾아오는 징조가 보인다.
흥망성쇠는 반복된다. 좋은 일이든, 나쁜 일이든 호들갑을 떨 필요가 없다.

인간이고자 한다면

사회는 구성원 개개인의 인간성에 반하는 음모의 굴레이다.

사회는 일종의 주식회사와 같다.

그 안에서 구성원들은 각자의 몫을 안전하게 지키기 위해

자유와 문화를 포기하는 데 동의한다.

여기에서 가장 요구되는 덕목은 순응이며,

자립은 반목일 뿐이다.

사회는 현실과 창조자들을 좋아하지 않으며,

이름과 관습을 사랑한다.

그러나 인간이고자 한다면,

순응하지 않는 자가 되어야 한다.

불멸의 야자열매를 얻고자 하는 사람은

선의 이름 앞에 흔들려서는 안 되며,

우선 그것이 진정한 선인지 따져보아야 한다.

우리는 조직에 순응하고 국가에 충성하며 성실하고 책임감 있는 사람이 되는 것을 최고의 가치로 여기며 살아왔다. 그러나 한 사람의 인간으로 살아가기 위한 교육은 받지 않았다. 행복이란 무엇이며, 어떻게 살아야 하는지 아무도 가르쳐주지 않았다. 그 길은 스스로 찾아야 한다.

신입사원 시절, 부장이 직원들에게 물었다.

"여러분들이 직장과 가정, 둘 중 하나를 포기해야 한다면 어떤 것을 포기하겠는가?"

요즘은 그런 질문을 하는 상사는 없을 것이다. 모두 말 못하고 있을 때 부장이 말했다.

"가정을 포기해야 된다. 회사가 없으면 가정도 없기 때문이다."

회사는 은연중에 직원들이 회사에만 충성하도록 강요한다. 직장에서는 개인과 가정의 행복에 대하여는 관심이 없고 가르치지도 않는다. 그것은 순전히 개인의 몫이다.

홀로 설 줄 아는 힘

외부의 도움을 받아들이지 않고 홀로 설 때,
인간은 강해지고 자신의 힘을 드러낼 수 있다.
주위에 모여드는 사람이 많을수록
인간은 더 의존하게 된다.
다른 사람들에게 아무 것도 구하지 마라.
급변하는 세상에서 오직 튼튼하고 굳은 기둥은
오직 당신 자신뿐이다.
그 기둥이 당신 주위의 모든 것들을 지탱해줄 것이다.

무리지어 다니는 철새를 보라. 대중이 무리를 이룬다고 위대해지는 것은 아니다. 위대한 사람은 대중 속에 섞이지 않는다. 크게 얻으려면 혼자 가라. 무리를 지으면 자신을 볼 수 없다. 사람은 외로울 때 자신을 돌아보게 되고 내면의 목소리에 귀를 기울인다.

불법을 구하러 당나라로 간 원효와 의상을 보라. 가는 도중에 해골 물을 마시고 깨달음을 얻은 원효는 신라로 돌아와서 불교의 대중화를 이루었고, 당나라로 떠난 의상은 화엄종을 공부하고 돌아와 화엄의 교종을 확립했다.

함부로 운명이라 부르지 마라

운명은 이해되지 않는 원인들로 나타난다.
바다는 배와 선원을 티끌처럼 집어삼킨다.
그러나 수영하고 배를 손질하는 법을 배우면
배를 집어삼켰던 파도는 길을 열어줄 것이다.
냉기는 피를 얼얼하게 하며 인간을 얼게 만든다.
그러나 스케이트 타는 법을 배우고 나면
그대에게 우아하고 달콤하며 시적인 동작을 선물할 것이다.

삶의 걸림돌에 지나지 않는 것을 운명으로 받아들이면 안 된다. 피할 수 있거나 극복할 수 있는 것을 함부로 운명이라 부르지 마라.

수영을 배우기 전에는 물이 무서웠고 여름이 싫었다. 지금은 물이 놀이터처럼 보이고 여름이 좋다. 검도를 배우기 전에는 밤길 걷는 것이 겁났다. 지금은 밤길에도 어깨를 펴고 유유히 걸어간다. 스케이트를 배우기 전에는 스케이트와는 인연이 없다고 생각했다. 지금은 그것만큼 좋은 운동이 없다고 생각한다. 우리는 스스로 자신의 한계를 제한하고는 그것을 운명으로 받아들인다.

● 에머슨

PART 02

•

쇼펜하우어

Arthur Schopenhauer, 1788~1860

Schopenhauer

염세사상을 대표하는 독일의 철학자. 유럽의 항구 도시인 단치히에서 상인이었던 아버지 하인리히 쇼펜하우어와 소설가인 어머니 요한나 쇼펜하우어의 장남으로 출생했다.

1793년 함부르크로 이주해 성장했고, 아버지의 바람에 따라 한동안 상인 교육을 받았다. 그러나 1805년 아버지의 급작스러운 죽음을 계기로, 자신이 그토록 꿈꾸던 학자가 되기 위해 김나지움에 입학했다. 1813년 〈충족이유율의 네 겹의 뿌리에 대하여〉로 예나대학에서 철학박사 학위를 받았다. 1819년에 〈의지와 표상으로서의 세계〉를 간행하고, 이듬해 베를린대학 강사가 되었으나 같은 대학에 있던 헤겔의 압도적 명성에 밀려 이듬해 사직했다.

평생을 독신으로 살았으며, 1860년 9월 21일 자주 가던 단골 식당에서 식사 중 폐렴으로 숨진 후 프랑크푸르트 공동묘지에 안장되었다.

플라톤과 칸트의 사상에 큰 영향을 받았고, 실존 철학은 물론 프로이트와 융의 심리학에 지대한 영향을 끼친, 19세기 서양 철학계의 상징적인 인물이다. 염세주의자로 알려져 있지만, 인간 삶의 비극적 면면을 탐구한 사상가이다.

주요 저서로 《논쟁에서 이기는 38가지 방법》《충족이유율의 네 겹의 뿌리에 관하여》《의지와 표상으로서의 세계》등이 있다.

사랑받는 일

사랑받는 것은 타고난 행운이기도 하지만
자신의 노력이 더욱 절실히 요구되는 일이다.
행운으로 사랑받게 되었다 해도
그 사랑을 끝까지 지켜 결실을 맺으려면
끊임없이 노력해야 한다.

모두가 사랑받기를 원하지만 그건 아무나 할 수 있는 것이 아니다. 시들지 않는 꽃이 없듯이 외모만으로 사랑받는 데는 한계가 있다. 백일홍도 꽃이 백일을 가는 게 아니라 수많은 꽃이 차례로 피어나기 때문에 그렇게 보일 뿐이다. 꽃이 빛깔과 향기로 벌과 나비를 유혹하듯이 당신도 상대를 유혹할 만한 매력이 있어야 사랑받는다. 아무런 향기도 없는 꽃에 날아오는 것이 있다면 그것은 벌이 아니라 파리일 것이다.

스포츠에 '최선의 공격이 최선의 방어'라는 말이 있듯이 '사랑받기 위한 최선의 방법은 내가 먼저 사랑하는 것'이다. 자신을 사랑하는 사람을 미워하는 사람이 있을까?

고독을 즐길 줄 아는 사람

많은 사람들이 모이는 곳에 섞이게 되면

개인은 무력해지기 마련이며

개성은 사라지고 만다.

자신의 참모습을 찾을 수 있는 것은

오직 고독할 때뿐이며,

자유를 만끽할 수 있는 것도 혼자 있을 때뿐이다.

혼자 있을 때 마음의 그릇이 작은 사람은

자신의 무능과 무가치를 느끼지만

뛰어난 사람들은 자신의 위대성을 더 뚜렷이 느끼게 된다.

따라서 뛰어난 사람들은

고독해지거나 혼자 있을 때

비로소 참된 자기를 깨닫게 된다.

무리 속에 있으면 편안하다. 약한 존재일수록 무리를 지어 다닌다. 혼자 다니는 호랑이나 독수리와 무리를 지어 다니는 얼룩말이나 철새를 비교해보라. 무리 속에서는 고독을 느낄 필요도 없고 개성을 발휘할 필요도 없다. 특별한 개성이나 능력을 가진 사람은 무리 속에 있더라도 개성을 감추며 살아야 한다. 무리 속에서는 인간의 위대함이 쉽게 드러나지 않는다. 고독한 시간을 어떻게 보내는지를 알 수 있다면 그 사람을 알 수 있다.

다 보여주지 마라

상대에게 모든 것을 숨김없이 털어놓을 필요는 없다.

피를 나눈 가족이나 친구들 사이에서도 마찬가지다.

큰 은혜를 입은 사람에게도

모든 것을 속속들이 드러낼 필요는 없다.

호감을 갖는 것과 속마음을 드러내는 것은

전혀 다른 문제다.

자신의 속을 수박 쪼개듯이 보여주는 게 좋은 것만은 아니다. 진실을 다 보여주는 것이 옳은 것도 아니고 숨김없이 다 알아야 좋은 것도 아니다.

초등학교 동기가 동기 홈피에서 자신의 일상에 관한 이야기를 자세하게 쓴 적이 있었다. 거기에는 자신의 이혼을 포함한 과거 이야기가 자세하게 나왔다. 그 후 허탈했는지 한동안 볼 수 없었다.

현명한 사람은 몇 개의 가면을 가지고 있으면서 때와 장소에 따라 자신에게 어울릴 만한 가면을 쓴다. 이런 것을 잘하는 사람을 보았다. 어렸을 때 길에서 약장수가 약을 팔았다. 묘기를 보여주면서 사람들을 불러 모았다. 선물도 주면서 진짜 묘기가 있을 것처럼 말했다. 사람들은 묘기를 보기 위해 자리를 떠나지 않았다. 약장수는 호기심만 자극할 뿐 진짜 묘기는 좀처럼 보여주지 않고 끝까지 남은 사람들에게 약을 팔았다.

삶의 짐

대기의 압력이 없으면 우리 육신이 파멸해버리는 것 같이

삶에 번민과 실패와 노고라는 무거운 짐이 없다면,

지나친 방종으로 송두리째 파멸하거나

시한부 변덕과 사나운 광기와 어리석음에 빠지게 된다.

그러므로 인간은 누구나 늘 얼마쯤의

걱정과 고뇌와 불행을 필요로 한다.

마치 배가 물 위에 떠서 안전하게 항해하기 위해서는

배에 무게 나가는 물체가 있어야 하는 것과 마찬가지다.

스트레스는 삶의 크기에 비례한다. 스트레스가 나쁜 게 아니라 과도한 스트레스가 나쁜 것이다. 그것은 범선을 움직이게 하는 바람과 같다. 범선이 움직이려면 바람이 적당히 불어야 하고, 일을 잘 추진하기 위해서는 스트레스가 적당히 있어야 한다. 삶의 짐이 문제가 아니라 짐을 스트레스로 받아들이는 것이 문제다. 스트레스는 동기부여를 위한 에너지라 생각하고 즐겨라.

나의 무거운 짐을 벗어버리고 싶을 때도, 나보다 작아 보이는 사람의 짐과 바꾸고 싶을 때도 있었다. 알고 보니 나에게는 흙이 들어 있었고, 다른 사람에게는 돌이 들어 있었다. 그런데도 그는 묵묵히 가고 있었다. 부끄러웠다.

자중자애

중요한 사람이 되고 싶다면 자신을 소중히 여겨야 한다.

함부로 사람들 앞에 나서지 말고 자신을 아껴라.

주제넘게 결코 먼저 나서지 마라.

다른 사람들이 원해서 나가는 사람은 환영받는다.

그러니 부르지도 않았는데 얼굴을 내밀어서도 안 되고,

오라고 부탁하지 않았는데 나가서는 더욱 안 된다.

같은 행동이라도 때와 장소에 따라 다르게 보인다. 배고플 때 주는 소박한 밥 한 그릇이 배부를 때 내어 놓는 산해진미보다 낫다. '자중자애(自重自愛)'란 말처럼 자신을 소중히 생각하여 나설 때와 나서지 말아야 할 때를 알고 처신해야 한다.

'듣기 좋은 콧노래도 한두 번'이라는 말이 있다. 아무리 잘하는 것도 자주 보면 식상하다. 도와주는 것은 좋은 일이지만 부탁할 때 도와주는 것이 더욱 효과가 있다. 시도 때도 없이 도와주려고 하는 것은 오히려 상대를 귀찮게 한다.

삶의 균형

지적인 생활은 우리에게 행복을 선사한다.

그러나 지나친 지적활동은 도리어 불행을 초래한다.

지적활동에 익숙해지면

일상의 역경을 감당하기 어렵기 때문이다.

지적인 풍요로움과 현실적인 활동에 균형을 유지하는 것이

행복의 비결이다.

 아무리 좋은 것도 적당히 있어야 좋은 것이지 넘치면 독이다. 극단으로 가는 것은 위험하다. 서로 상반된 것이 조화를 이룰 때 아름답다. 다리는 약한데 머리만 무거우면 걸을 수 없고, 머리는 비었는데 다리만 튼튼하면 어디로 갈지 모른다. 지성미와 건강미, 감정과 이성의 조화가 있어야 아름다운 삶이 된다.

행복을 알아차리는 순간

행복한 나날을 보낼 때는 의식하지 못하고 있다가,

과거의 일이 되고 불행이 찾아오면

그제야 지나간 행복을 알아차린다.

쾌락을 누릴수록 그에 대한 감각은 약해지고,

오히려 고통을 더욱 뚜렷이 느끼게 된다.

쾌락에 젖어 살던 습관이 없어지면

남는 것은 괴로움뿐이다.

놓친 고기는 다 큰 고기였고, 옛날 짜장면은 다 맛있었다. 현재 가지고 있는 것의 소중함은 그것이 없어졌을 때 알게 된다. 부귀영화를 누리지 못하여 불행한 것이 아니라 평범한 일상을 보내지 못할 때 불행하다. 그것을 잃게 되었을 때 비로소 행복은 일상에 있다는 것을 알게 된다.

우리 몸은 고통에 대해서는 예민하게 반응하지만 행복에 대해서는 둔감하다. 깨어있는 사람은 내 안에 잠자고 있는 행복을 깨우는 법을 알고 있다. 그는 고통이 없는 시간을 행복하다고 느끼며 산다. 고통의 문턱은 높이고 행복의 문턱은 낮추는 것이다.

남을 의식하는 이유

수도자들이 은둔 생활에서 큰 행복을 느끼는 이유는
남의 눈치를 안 보고 타인 본위의 속세 생활에서
자기 본위의 생활로 돌아갈 수 있기 때문이다.
일상생활에서 겪는 불행이나 재앙의 대부분은
남의 시선을 의식하는 관념적인 생각,
즉 인간의 불치병에서 비롯되는 것이며
그것을 극복하면 우리는 훨씬 행복하게 살 수 있다.
하지만 허영심을 없애는 일은 참으로 어려운 일이며
어려운 일이기 때문에 행복이라는 대가는 큰 것이다.

인간은 사회적인 동물이기 때문에 남을 전혀 의식하지 않고 살 수는 없지만 남을 지나치게 의식하면 자유와 개성을 잃어버린다. 남을 의식하는 심리는 실제 자신의 모습보다 더 잘 보이려고 하는 데서 나온다. 그런 데서 벗어날 수 있으려면 다른 사람의 의견보다 내 생각이 더 중요하며, 타인의 의견은 받아들이되 최종판단은 내가 한다는 자세가 필요하다.

나는 남의 시선에서 자유롭게 살려고 노력한다. 차도 그냥 굴러가면 되고, 대부분 하는 골프도 치지 않는다. 명품에도 관심이 없다. 그렇게 사는 것이 나답게 사는 길이라고 생각하니 마음도 편하다.

철학과 종교

우리가 철학과 종교에 관심을 갖는 것은
인간이 죽은 후 어떻게 될 것인가와 불멸에 대한 관심 때문이다.
만일 어떤 방법으로든 인간의 영원한 생명이 입증된다면
신에 대한 우리의 믿음도 곧 식어버릴 것이다.
그와 반대로 인간의 영원한 삶이 불가능하다는 것이
입증되어도 신앙은 아무도 거들떠보지 않을 것이다.

칸트는 "종교 없는 철학은 공허하고 철학 없는 종교
는 맹목이다"고 말했다. 철학과 종교를 완전히 분리
할 수는 없다. 그러나 종교를 철학적으로 해석하고 철학을 종
교적으로 해석하는 것은 잘못이다. 철학이 분석이라면 종교
는 믿음이다. 철학이 머리로 하는 것이라면 종교는 마음으로
하는 것이다. 어느 한 쪽으로 치우치기 보다는 양쪽 사이의 균
형을 잡는 것이 좋다.
나는 불교를 믿지만 불교철학으로서 공부하는 것을 더 좋아
한다. 신의 존재는 믿지만 인간의 모습을 한 신은 아니라고 생
각한다. 절대자에게 의지하지 않고 스스로 길을 찾아가는 것
을 좋아하는 나 같은 사람은 불교가 맞는 것 같다.

죽음

대자연이라는 우주의 어머니는
그 안에서 수많은 삶과 죽음의 사이클이 변해도
눈 하나 꿈쩍하지 않는다.
인간의 죽음에 대한 비극과 통곡도
대자연은 들은 체도 하지 않는다. 그 이유는 무엇인가.
결국 엄청난 동식물의 죽음과 파괴도 그것들이 결국은
자기 품으로 되돌아오는 과정이기 때문이다.
대자연에게는 삶도 죽음도 모두 자기 것이다.

죽음이란 한 번도 경험해보지 못한 것이기 때문에 알 수가 없다. 죽음을 경험해본 사람은 이미 이 세상 사람이 아니고, 이 세상 사람들은 아직 경험해보지 못했다. 죽은 후 내가 어디로 가는 것인지 몰라 두렵지만 태어나기 이전의 나로 돌아가는 것이라면 받아들일 수 있다.

살면서 죽음을 생각하지 않을 수는 없지만 죽음을 지나치게 두려워할 필요도 없다. 나는 죽음이 우리가 생각하는 것처럼 그렇게 무섭거나 나쁜 것은 아니라고 생각한다. 죽어서 가는 천국보다 지금 이 순간을 천국처럼 살아가고 싶다.

인간은 이기적이다

사람은 누구나 이기적인 존재이다.

어느 누구의 머릿속에 들어가 보아도

자신과 관련된 것 이외에는 거의 관심도 없다.

만일 다른 사람이 관심을 보이는 부분을 잘 따져보면

대부분 그의 이해관계가 얽혀 있다.

사람들은 귀에 들리는 말을

모두 자기 입장에서 생각하며,

우연히 귀에 걸리는 한 마디 말이라도

자기와 관련이 되어 있으면

날카롭게 주의를 집중시킨다.

남의 말이 진실하거나 교묘하거나 훌륭하거나

위트와 유머에 넘치거나 전혀 알 바가 아니다.

이기적인 것은 나쁜 것이 아니라 자연의 법칙이다. 이것을 알고 세상을 보면 아름답게 보인다. 타인의 이기심에 반하는 행동은 거센 반발을 불러일으키지만 타인의 이기심을 채워주는 행동은 더 큰 보답으로 돌아온다.

먼저 주면 돌아오고 돌아올 때는 더 크게 온다. 그러나 지혜롭게 줘야 한다. 내가 준 것이 다 돌아오는 것이 아니기 때문이다. 나도 결국 이기적인 사람이다. 이것을 부정하는 사람은 정말 이기적일 뿐만 아니라 자연의 법칙을 모르는 사람이다.

개성을 인정하는 것

나 아닌 다른 사람의 개성이 어떤 상태에 있든지
그 개성을 포함해 그 사람을 인정해야 하며,
개성의 종류와 성질을 그대로 받아들일 줄 알아야 한다.
변화를 바라거나 남다른 개성을 무작정 나쁘다고
경멸해서는 안 된다.

대나무는 쉽게 쪼개지지만 함부로 꺾을 수 없듯이 사람들은 각자의 기질을 갖고 있다. 성격은 모나지만 일을 똑부러지게 하는 사람이 있고, 성격은 무난하지만 일을 하는데 끊고 맺음이 없는 사람이 있다. 그들의 기질을 바꾸려고 하지 말고 상대의 기질에 맞게 일을 시키는 것이 낫다. 상대의 특별한 기질을 이용하면 두 배로 득이 되지만 꺾으려고 하면 두 배로 힘이 든다.

몇 년 전, 집에 손님이 왔다. 식사 후 마당에서 돌아가면서 도끼로 장작을 쪼갰다. 가장 잘 하는 사람은 의외로 체격이 작은 교장선생님이었다. 그는 시골에 살면서 장작을 많이 쪼개본 사람이었다. 나무의 성질을 알기에 어디를 치면 쪼개지는지를 알고 있었던 것이다. 사람 대하는 것도 그렇게 해야 된다.

불편한 진실

진실처럼 조심해야 할 것은 없다.

이는 심장의 피를 뽑아내는 것과 마찬가지여서

다 뽑아내면 생명을 잃듯

진실을 다 밝혀버리면 명망을 완전히 잃을 수도 있다.

진실을 적당히 말하고 침묵할 줄도 아는 게 중요하다.

진실이 불편할 때가 있다. 아는 것이 병이 되고 모르는 것이 약이 될 때가 있다. 눈 온 뒤 세상이 아름다운 것은 지저분한 것이 눈으로 다 가려졌기 때문이다. 산타할아버지는 진실이 아니다. 하지만 그의 존재로 인하여 크리스마스가 아름답다. 덮어두어도 나쁘지 않은 것이라면 억지로 진실을 밝히지 않아도 된다. 상대가 숨기려는 것을 억지로 밝혀내면 상대는 다치고 자신은 실망할 수도 있다.

우리를 위협하는 것들

일반적으로 인간의 행복을 위협하는 적은
고통과 권태, 두 가지다.
이 둘 가운데 어느 하나에서 적당히 멀어지게 되면
그만큼 다른 하나가 가까이 다가온다.
그 반대의 경우도 있어서, 우리의 일생은
거의 이 양자의 중간에서 때로는 강하게 진동하고,
때로는 약하게 진동하고 있다.

대부분 사람들은 생각은 흑백으로 하고 삶은 회색으로 산다. 자신이 행복하지 않다면 불행이라 생각하고, 지금 여기가 천국이 아니면 지옥이라 생각한다. 고통은 행복을 위협하는 적이 아니라 행복과 함께 있는 동반자이다. 행복은 고통에서 벗어나는 순간 느끼는 감정이기 때문에 고통이 있어야 행복도 있다.

작은 것으로 걱정하는 사람은 큰 걱정이 없어서 다행이라 생각하고, 권태가 오면 고통이 없다는 증거이니 또한 다행한 일이다. '생각이 팔자'라는 말이 맞는 말이다.

지나친 확신은 위험하다

너무 확신에 차서 자기 의견만 고집하지 마라.

어리석은 자는 무언가를 확신하고 있으며,

무엇을 지나치게 확신하는 자는 모두 어리석다.

겉보기에 나의 판단이 확실히 옳더라도

양보하는 것이 더 나을 때가 있다.

당신이 옳은 까닭을 다른 사람들이 모두 알고 있어서

당신이 양보해도 손해가 크지 않다면

경쟁자를 향해 아량을 베푸는 것도 나쁘지 않다.

 확신은 일을 추진할 수 있는 힘이 되지만 새로운 것을 받아들이는 높은 장벽이 되기도 한다. 하나만 알고 있는 사람은 다른 것을 받아들이지 못한다. 그러니 용감하다. 조선, 중공업과 같은 중국 관련주에 확신하여 올인한 적이 있었다. 한동안 '이게 꿈이 아닐까, 내가 이래도 되나?' 할 정도로 잘 나갔다. 하지만 세계금융위기가 오면서 내 꿈은 무너졌다. 하나에 꽂혀 있는 사람은 다른 것이 보이지 않는 법이다. 그때 내가 그랬다. 그때 나에게 옐로카드를 보낸 사람이 있었지만 보이지 않았다.

대화를 이끌어가는 힘

인간의 대화에 가치를 부여하는 것은

화제가 아니라 대화를 이끌어나가는 형식적인 능력이다.

이와 반대로 형식적인 능력이 결여된 자는

어쩔 수 없이 자신의 대화에 가치를 부여하고자

특정한 소재를 찾게 되는데,

이런 특정한 소재는 대부분 자신이 속한

전문적인 분야로 귀결되는 경우가 많다.

따라서 상대방이 전혀 이해할 수 없는 대화가

끝없이 반복되는 것이다.

형식과 내용, 어느 것이 더 중요할까? 내용이 중요하지만 형식이 내용을 이끌어가기도 한다. 같은 남자라도 양복을 입었을 때와 예비군복을 입었을 때를 비교하면 알 수 있다. 대화도 마찬가지다. 언쟁을 할 때 내용보다 말투를 꼬투리 잡아 싸우는 것을 보면 알 수 있다. 남자들이 가장 많이 화제로 올리는 것이 젊었을 때는 군대, 나중에는 직장 이야기다. 서로 자신의 이야기만 할 뿐 재미가 없다. 자신이 모르는 분야, 모르는 사람 이야기처럼 재미없는 것은 없다.

대화를 할 때 겉으로는 잘 드러나지 않지만 이끌어가는 사람이 있다. 공통된 화제로 재미있고 모두가 참여할 수 있도록 하는 것이 중요하다. 그는 대화를 독점하는 사람이 있으면 슬쩍 화제를 다른 곳으로 돌리기도 하고, 듣기만 하는 사람에게는 가벼운 질문을 하여 대화에 낄 수 있도록 유도한다. 대화가 재미있고 유익했다면 누군가가 그런 역할을 한 것이다. 그런 사람이 없다면 당신이 그런 일을 할 때다.

상상력을 어떻게 다스릴 것인가

상상력을 잘 관리하라.

상상력을 어떻게 다스리느냐에 따라

행복과 불행이 바뀌기도 한다.

심지어 우리의 지성까지도 상상력의 지배를 받는다.

상상력은 그저 바라보는 것만으로는 만족하지 않고

폭군 같은 힘으로 우리를 흔들기도 한다.

끊임없이 움직이며 우리의 존재가 완전히 몰입하게 한다.

그리하여 우리의 존재를 기쁨으로 채우기도 하고

우리로 하여금 어리석음을 통감하게 하여

슬픔에 몰아넣기도 한다.

상상력은 우리에게 만족도 주고 불만족만 주기도 한다.

상상력은 생각의 확장이다. 행복이 마음에서 나오는 것이라면 상상력에 따라 행복과 불행의 크기가 달라진다. 같은 상황에서 지옥을 상상할 수도 있고 천국을 상상할 수도 있다.

수도원과 감옥이 바로 그런 곳이다. 내 앞에 있는 사람을 천사로 보면 세상은 천국이고, 악마로 보면 지옥이다. 지금 이 순간 행복을 느끼면 천국이고, 고통을 느끼면 지옥이다. 좋은 상상은 천국행 열차의 티켓이고, 나쁜 상상은 지옥행 열차의 티켓이다. 귀신도, 악마도, 신도 상상이다. 행복과 불행도 그렇다.

PART 03

●

니체

Friedrich Wilhelm Nietzsche, 1844~1900

프로이센에서 태어난 독일의 시인이자 철학자이다.

쇼펜하우어의 의지철학을 계승한 '생의 철학'의 기수이자 키르케고르와 함께 실존주의의 선구자로 꼽힌다.

니힐리즘, 즉 허무주의를 규탄하는 날카로운 문명비판과 이를 극복하는 그의 사상적 기조는 철학뿐만 아니라 문학과 현대 사상 전반에 커다란 영향을 미쳤다.

1869년부터 스위스 바젤대학교에서 고전문헌학 교수로 일하던 그는 1879년 건강이 악화되면서 교수직을 그만두었다. 편두통과 위통에 시달리는 데다가 우울증까지 앓았지만 10년간 호텔을 전전하면서 저술활동에 매진했다.

1888년 말경부터 정신이상 증세를 나타내기 시작해 사망할 때까지 정신착란 증상을 보였다.

저서로 《짜라투스트라는 이렇게 말했다》《비극의 탄생》《반시대적 고찰》《도덕의 계보》등의 역작을 남겼다.

아모르 파티

> 운명을 사랑한다는 것은
> 주어진 삶을 거부하는 것도 아니고 순응하는 것도 아니다.
> 그것은 '다시 태어날 수 없다'는 필연적인 사실과
> 마주하는 동시에 주어진 생을 원망하지 않고
> 최대한 아름답게 만들려는 생산적인 삶의 자세이다.

 '아모르 파티(Amor Fati)'는 "너의 운명을 사랑하라"는 뜻이다.

운명을 사랑한다고 해서 운명론자가 되는 것은 아니다. 한 사람을 사랑한다는 것은 그 사람의 현재의 모습뿐만 아니라 과거와 미래 그리고 운명까지 받아들이는 것이다.

나는 나의 운명을 사랑한다. 내가 다른 사람이 아니고 나인 것에 감사한다. 힘든 일을 잘 극복했고, 많이 웃고 사랑하며 살아온 나 자신이 대견하다. 앞으로 어떤 모습으로 살아갈지, 어떤 시련이 닥칠지 모르지만 나에게 오는 모든 것을 기꺼이 받아들이며 운명까지 사랑하며 살 것이다.

명령하는 자와 복종하는 자

명령하기가 복종하기보다 더 어렵다.
모든 명령에는 시도와 모험이 따른다.
살아 있는 것은 언제나 명령을 내리며 자기 자신을 건다.
그렇다. 명령에는 대가가 따른다.

명령하는 자는 복종하는 자보다 몇 배나 깊이 생각하고 지혜로워야 한다. 위대한 일은 위대한 명령에서 시작된다. 명령하는 자는 명령받는 자가 보지 못하는 것을 봐야 하고, 끝까지 책임을 져야 한다. 골프치고 노는 것 같지만 회사에서 가장 열심히 일하는 사람이 사장이다.

명령에 따르는 사람은 어떻게 할 것인가를 생각하지만 명령하는 사람은 무엇을 할 것인가를 생각해야 한다. 삶에서 중요한 것은 '어떻게 하는가 보다 무엇을 하는가'이다.

자신에게 명령하는 것은 다른 사람에게 하는 명령보다 더 위대하다. 인생에서 자신이 무엇을 할 것인지 명령하라. 또 어제보다 더 나은 오늘을 위해 오늘 무엇을 할 것인가를 스스로에게 명령하라.

영원회귀

모든 것은 가고, 모든 것은 되돌아온다.

존재의 수레바퀴는 영원히 굴러간다.

모든 것이 죽고, 모든 것이 다시 꽃 피어난다.

존재의 세월은 영원히 흘러간다. 하지만

내가 얽혀들어간 인과의 매듭은 다시 돌아오고,

그것은 나를 다시 창조하리라.

나 자신의 영원회귀의 원인들에 속해 있는 것이다.

사람들은 흘러간 세월을 아쉬워하면서 오늘에 만족하지 못한다. 기다리는 내일은 오늘의 모습으로 우리에게 온다. 오늘이 어제와 다르지 않듯이 내일은 오늘과 다르지 않을 것이다. 내일은 '또 다른 오늘'이다. 오늘만을 반복할 뿐이다. '지금 이 순간이 영원히 반복되어도 좋다'고 생각할 정도로 이 순간을 살라.

몇 년 전부터 책을 살 때 공간의 한계 때문에 두 번 이상 읽을 필요가 있는 책만 사게 되었다. 한 번만 읽어도 되는 책은 도서관에서 빌려본다. 서재의 책들이 달라졌다. 나의 일상도 서재처럼 꾸미고 싶어졌다.

초인

사람들이여, 그대 자신을 극복하고 초월한 '초인'이 돼라.
스스로를 뛰어넘는 초인이 되기 위하여
우리는 어떤 노력을 했던가?
이 세상의 모든 존재는 자신을 뛰어넘는 무엇인가를 향해
진화해 왔다. 그러나 인간만이 이 거대한 흐름을 거슬러
반대로 나아가고 있다. 인간은 스스로를 뛰어넘기는커녕
오히려 동물로 되돌아가려 하고 있다.
인간이 원숭이를 하찮은 존재로 바라보듯이
초인이 인간을 바라볼 때도 마찬가지다.
자신을 초월하지 못한 인간은
초인의 눈에 하찮은 존재에 불과할 뿐이다.

인간은 눈부시게 발전한 오늘을 만들었지만 아직 자신을 극복하지 못했다. 줄넘기를 천 개를 할 수 있는 사람이 5백 개 밖에 하지 않는 것과 백 개 밖에 못하는 사람이 5백 개를 하는 것은 다르다. 전자는 범인(凡人)이고 후자는 초인(超人)이다. 초인은 자신의 한계에 자신을 던진다. '초인'이 되려는 자는 자신이 무엇을 극복해야 하는지를 알아야 하고, 자신보다 큰 세계에 자신을 던질 용기를 가져야 한다.

위험하게 살아라

위험하게 살아라.

당신의 도시를 베수비오 화산 기슭에 세워라.

당신의 배를 미지의 바다를 향해 띄워라.

당신과 생각이 다른 사람들과 끊임없이 싸우며 살아라.

위험하게 산다는 것은 고정된 틀에 갇히지 않고 도 전적인 삶을 산다는 것이다. 아무런 위험도 감수하 지 않는 삶이 더 위험해질 수 있다. 삶의 크기는 익숙하지 않 은 것을 얼마나 받아들이느냐에 달려 있다. 추운 겨울을 보낸 꽃이 더 향기롭고, 모진 풍파를 이겨낸 나무는 가지가 휘지만 열매는 더 잘 열린다. 안전만을 추구하는 삶에서는 향기로운 꽃이 피지 않는다. 상처가 스펙이고 살아가는 힘이다.

나는 마흔 살에 잘 나가던 회사를 그만두었다. 한 번도 가보지 못한 길에서 몇 번을 주저앉기도 했다. 가족들에게 괜한 고생 을 시켜 미안하지만 그 길을 가지 않았다면 결코 가질 수 없는 기쁨과 행복 그리고 삶의 지혜를 가진 것에 감사한다.

감정에 대한 위험한 약속

우리는 행위에 대해서는 약속할 수 있지만

감정에 대해서는 약속할 수가 없다.

감정은 내 의지대로 되는 것이 아니기 때문이다.

언제까지나 누구를 사랑하겠다든가 미워하겠다든가,

또는 영원히 충성을 바치겠다고 약속하지 마라.

자기 힘이 미치지 못하는 것을 약속하는 것에 불과하다.

사랑은 감정이지만 행동은 이성이다. 이성이 꼿꼿한 사람도 마음을 다스리기 어렵다. 감정은 이성 위에 있다. 감정은 쉽게 변하고 양극단을 좋아한다. 뜨겁거나 식거나⋯ 중용을 지키기 어렵다.

고대 그리스의 철학자 헤라클레이토스는 말했다.

"우리는 같은 강물에 두 번 발 담글 수 없다. 강물은 이전의 강물이 아니며, 발을 담근 이 역시 이전의 그가 아니다."

물이 변하고 사람이 변하기에 그 누구도 같은 강물에 두 번 들어갈 수 없다. 영원한 사랑을 맹세하지도 말고 믿지도 말라. 세월이 흐르면, 사람도 사랑도 변하기 마련이다. 지금 이 순간에 뜨겁게 사랑하라.

고독한 이유

사람들은 진정한 자아를 찾기 위해
누군가를 간절히 원한다. 자기를 상대해줄 친구를 찾고,
막연한 안도감을 느끼기 위해 누군가에게 의지한다.
고독하기 때문이다.
왜 고독할까?
자신을 제대로 사랑하지 못하기 때문이다.
순간적인 기쁨을 나눌 친구가 아무리 많아도
고독으로 인한 상처는 쉽게 치유되지 않을 것이다.
자신을 진정으로 사랑하기 위해서는 먼저
무엇인가에 온 힘을 쏟아야 한다.
자신의 다리로 높은 곳을 향해 걸으면 고통이 따르지만,
그것은 마음의 근육을 튼튼하게 만드는 고통이다.

우리가 고독한 이유는 혼자 있어서가 아니라 혼자 있을 때 할 일이 없기 때문이다. 혼자 있을 때 고독한 사람은 군중 속에 있어도 마찬가지다. 다만 고독을 느낄 틈이 없었을 뿐이다. 그러다가 혼자 있으면 고독이 밀려온다. 존재의 의미를 아는 사람은 혼자 있어도 고독하지 않다. 오히려 혼자 있는 시간을 사랑한다. 고독할 때는 타인에게 도움이 될 만한 일을 하라. 자신이 타인에게, 사회에게 필요한 존재라는 것을 느끼는 사람은 고독하지 않다.

권태

인간은 왜 권태를 느낄까?

타인이 주입한 죽은 방식으로 인생을 살기 때문이다.

이런 삶의 양식들을 버려라. 떨쳐버려야 한다.

그리고 그대 자신의 삶을 살아라.

이것은 돈, 권력, 명성의 문제가 아니다.

문제는 그대가 진정으로 하고 싶은 것이 무엇이냐다.

그대가 하고 싶은 것을 하라. 결과는 무시하라.

그러면 그대의 권태는 사라질 것이다.

그대는 지금까지 다른 사람의 생각을 좇았음이 분명하다.

사회가 그것을 '옳게' 여기기에

다른 사람의 생각을 그대로 따랐다.

마땅히 해야 하는 방식으로 그 일을 했음이 분명하다.

인생은 자신의 욕망과의 싸움이다. 우리는 잠깐 승리를 하지만 늘 패배자다. 욕망이란 것이 채워지지 않으면 고통이고, 채워지면 잠시 행복이 머물다 사라지고 긴 권태의 시간이 찾아온다. 여기에서 벗어나기 위해 또 다른 것을 욕망하지만 시계바늘처럼 반복할 뿐이다.

이 괴물에서 벗어나려면 오래 행복할 수 있는 욕망을 찾아야 한다. 그것은 세상 사람들의 욕망이 아닌 '자신의 욕망'을 찾는 것이다. 하고 싶은 것을 하지 못하는 사람보다 하고 싶은 것을 찾지 못하는 사람이 더 힘들다. 이것은 '내 안에서' 찾아야 한다. 자신은 이미 답을 알고 있다.

성숙한 사랑

성숙한 사랑은, 함께 있으면서도
개체성을 잃지 않는 두 사람 사이에서만 가능하다.
성숙하지 못한 사람들은
사랑에 빠져 상대방의 자유를 파괴하고 집착을 만들며
서로에게 감옥이 되어간다.
성숙한 사람은 사랑 속에서 서로를 자유롭게 만들어준다.

성숙한 사랑은 따로 있되 혼자가 아니고, 서로 다르면서 조화를 이룬다. 그리고 자신이 빛나면서 상대를 눈부시게 하지 않고, 자신을 사랑하면서 상대를 더 높여준다. 성숙한 사랑은 상대에게 구속이 아닌 자유를 주고, 같음보다는 개성을 인정하고, 사랑하지만 집착하지 아니하며, 한마음으로 살지만 자기 세계가 있다.

팽이가 조용히 돌기까지 거친 움직임이 있듯이 사랑이 성숙되기까지 거친 몸짓이 있다. 한 송이 꽃이 피기까지 많은 시련이 있듯이 사랑이 성숙해지기까지 많은 아픔이 있다.

이 순간을 즐겨라

즐겁지 않은 것은 바람직하지 않다.
힘겨운 일에서 일단 고개를 돌려서라도
지금을 제대로 즐겨야 한다.
가정 내에 즐겁지 않은 사람이 단 한 사람만 있어도
모든 이가 우울해지고, 가정은 묵직한 어둠이 드리워진
불쾌한 곳이 되어버린다. 그룹이나 조직도 마찬가지다.
가능한 한 행복하게 살아라. 그러기 위해서 현재를 즐겨라.
마음껏 웃고, 이 순간을 온몸으로 즐겨라.

가끔은 흔들리고 두렵더라도 삶의 대부분 시간은 즐겁고 기쁜 것이어야 한다. 부부가 싸움을 하더라도 나머지 시간은 사랑하면서 살아야 한다. 그들이 싸우는 것은 사랑이 없어서가 아니라 사랑을 다른 방법으로 말하기 때문이다. 삶이 외롭고 흔들리는 것은 바른 길을 찾기 위한 것이고, 삶이 두려운 것은 더 큰 용기를 내기 위한 것이다.
헬렌 켈러는 "내 생애에 행복하지 않은 날은 단 하루도 없었다"고 했다. 우리가 그렇게 되지 않을 이유가 어디 있는가!

소중한 일

인생은 그리 길지 않다.

어스름해질 무렵 죽음이 찾아와도 전혀 이상할 것이 없다.

우리가 무엇인가를 시작할 기회는 늘 지금 이 순간이다.

이 한정된 시간 속에서 무언가를 하는 이상,

불필요한 것들에서 벗어나 말끔히 털어버려야 한다.

그러나 무엇을 버릴 것인가에 대하여 고민할 필요는 없다.

마치 노랗게 변한 잎이 나무에서 떨어져 사라지듯이,

그대가 열심히 행동하는 동안 불필요한 것은

저절로 멀어지기 때문이다.

그렇게 우리의 몸은 더욱 가벼워지고

목표한 높은 곳으로 한 걸음 더 나아간다.

인생은 이것저것 다 해보고, 여기저기 다 기웃거릴 만큼 길지 않다. 짧은 인생을 잘 살다 가려면 소중한 것부터 먼저 해야 한다. 삶의 곁가지를 쳐내려면 원가지를 알아야 하듯이 삶에서 소중한 것을 찾아내면 나머지는 곁가지가 된다. 소중한 일에 집중하고 물을 주면 곁가지는 저절로 시들어버린다.

스티브 잡스는 매일 아침 거울을 보며 스스로 물었다고 한다. "오늘이 내 인생의 마지막 날이라면, 내가 오늘 하려고 하는 이런 일들을 할 것인가?"

만약 며칠 동안 그 대답이 "노"이면 그는 뭔가 바꿔야 한다는 것을 알아차렸다.

자신의 소중한 일이 이루어지지 않았다면 불필요한 일에 마음을 빼앗겨 소중한 일에 에너지를 집중하지 못했기 때문이다. 삶은 소중한 일을 하기에는 충분하지만 많은 일을 하기에는 너무 부족하다.

사랑은 차이를 이해하는 일

사랑이란, 자신과 다른 방식으로 느끼며 다르게 살아가는
사람을 이해하고 기뻐하는 것이다.
자신과 닮은 사람을 사랑하는 것이 아니라
자신과는 대립하여 살고 있는 사람에게
기쁨의 다리를 건너는 것이 사랑이다.
차이를 부정하는 것이 아니라 그 차이를 사랑하는 것이다.

사랑은 나와 닮은 사람과 하는 것이 아니다. 차이가
나는 것이 당연한데 그것을 문제라고 생각하는 것이
더 문제다. 사랑은 자신의 닮은꼴을 찾는 것이 아니라 서로의
부족한 부분을 메워주는 퍼즐을 찾는 게임이다.
나와 아내는 결혼기념일과 주소, 책을 제외하면 모든 면에서
다르다. 그동안 힘들었지만 서로에게 길들여지길 바라면서
기적같이 살아왔다. 만약 두 사람이 같았다면 어땠을까 생각
하면 아찔할 때가 있다. 처음에는 마음이 맞아 좋았겠지만 한
가지 음식만 평생 먹어야 하는 운명처럼 답답했을 것이다.

우리가 읽어야 할 책

우리가 읽어야 할 책은 이런 책이다.

읽기 전과 읽은 후 세상이 완전히 달리 보이는 책,

우리들을 이 세상의 저편으로 데려다주는 책,

읽는 것만으로도 마음이 맑게 정화되는 듯 느껴지는 책,

새로운 지혜와 용기를 선사하는 책,

사랑과 미에 대한

새로운 인식, 새로운 관점을 안겨주는 책.

책을 고르는 것은 친구를 고르는 것과 같다. 처음에는 많은 책을 읽고 그 다음에는 좋은 책을 여러 번 읽는 것이 좋다. 좋은 친구를 사귀려면 많은 친구를 알아야 하듯이, 좋은 책을 고르려면 많은 책을 읽어야 한다. 결국은 인문학이며 끝까지 함께 가야 할 책은 고전이다.

처음에 자기계발서를 많이 읽었다. 가장 효과적으로 삶을 바꿀 수 있을 것 같았다. 한계가 있었다. 나중에는 인문학, 그 중에서 철학책과 고전을 많이 읽었다. 한 사람을 정해 그에 대해 집중적으로 공부했다. 많이 읽은 책은 시차를 두고 열 번 가까이 읽은 책도 있다.

고양이처럼 유연하게

매 순간을 냉정하고 이성적으로 살기 위해 애쓰지 마라.
가슴을 짓누르는 무게, 어깨의 뻐근함이 가중될 뿐이다.
이성적 사고, 계산적이고 합리적인 행동만을 고집한다면
만사가 힘겹고 점점 버티기조차 버거워질 것이다.
고양이처럼 유연하게, 조금쯤은 부드러워져도 좋다.
억눌렸던 기분과 감정을 해방시키고
비이성적 비합리적으로,
마음이 시키는 대로 지내며 기분전환을 하는 것도 좋다.
그것만으로 우리는 본래의 인간성에 영양을 공급받고,
삶의 활기를 북돋는 윤활유를 얻는다.

지나치게 이성적인 사람은 냉정하게 보여 인간적인 매력이 없고, 열정이나 감정에 휘둘리는 사람은 인간적이기는 하지만 일을 그르칠 수 있다. 이상적인 인간은 이성과 지혜의 신 아폴론과 열정과 술의 신 디오니소스, 이 두 가지를 겸비하고 있는 사람이다. 그런 사람은 일을 할 때는 빈틈이 없지만 인간적으로는 쉽게 다가갈 수 있고, 말을 할 때 논리는 명철하지만 유머가 있어 유쾌하다. 또한 자신의 주관과 철학은 확고하지만 다른 사람의 의견도 받아들이는 유연함을 가지고 있다.

끊임없이 성장하는 삶

좀처럼 간단히 손에 넣을 수 없는 것일수록
간절히 원하는 법이다.
그러나 일단 자신의 것이 되고 얼마간의 시간이 흐르면
쓸데없는 것인 양 느껴지기 시작한다.
그것이 사물이든 인간이든 마찬가지다.
이미 손에 넣어 익숙해졌기에 싫증이 난다.
그러나 그것은 자기 자신에게 싫증나 있는 것이다.
대상에 대한 자신의 마음이 변하지 않기 때문에
흥미를 잃는다. 결국 계속해서 성장하지 않는 사람일수록
쉽게 싫증을 느낀다.
오히려 인간으로서 끊임없이 성장하는 사람은
계속적으로 변화하기에 똑같은 사물을 가지고 있어도
조금도 싫증을 느끼지 않는다.

평균수명이 급속하게 길어진 것이 결혼생활에도 많은 영향을 준다. 오래 같이 살아야 하는 배우자와 잘 사는 방법은 무엇일까?

첫째, 계속 성장하는 것이다. 이런 노력은 한 사람만 해서는 안 된다. 상대방부터의 변화가 아닌, 나부터의 변화가 중요하다.

둘째, 다른 눈으로 보는 것이다. 같은 사람이지만 다른 눈으로 보면 다르게 보인다. 좋은 사람이라서 좋게 보이는 경우도 있지만, 좋게 보면 좋은 사람이 된다. 상대의 성격이 변해서 헤어진다는 사람이 있다. 상대는 바뀐 것이 없는데 상대를 보는 자신의 눈이 바뀌었을 뿐이다.

책을 쓰는 이유

책을 쓴다는 것은 무엇을 가르치기 위함이 아니다.

독자보다 우위에 있음을 과시하기 위함도 아니다.

책을 쓴다는 것은

무언가를 통해 자기를 극복했다는 일종의 증거다.

낡은 자기를 뛰어넘어

새로운 인간으로 탈피했다는 증거다.

나아가 같은 인간으로서 자기 극복을 이룬

본보기를 제시함으로써 누군가를 격려하고자 함이요,

겸허히 독자의 인생에 보탬이 되려는 봉사이기도 하다.

책은 하나의 세계다. 한 권의 책을 쓴 사람은 또 다른 하나의 세계를 가진다. 자기 세계가 많다는 것은 삶이 넓고 깊다는 것이며, 자신의 세계에서는 누구보다 할 말이 많은 사람이다. 가르치기 위해 책을 쓰는 경우도 있지만 대부분의 책은 자기학습의 결과물이다. 책은 타인을 자신의 세계로 초대하여 지식과 생각을 공유할 수 있게 한다. 책을 낸다는 것은 다시 태어나는 것이고, 쇼펜하우어의 말을 빌리자면 '주장하고 싶은 것을 소유'해야 한다. 그 다음에는 열정이다. 저자로서 가장 지향해야 할 일은 자신의 책과 일치하는 삶을 사는 것이다.

타인을 평가하지 마라

타인을 이렇다 저렇다 비난하지 말 것,

타인을 평가하지도 말 것,

타인에 대한 소문도 입에 담지 말 것,

그 사람은 이렇다 저렇다 하는 생각도 애당초 하지 말 것.

그 같은 상상이나 사고를 가급적 하지 말 것,

여기에 좋은 인간성이 있다.

 "훌륭한 사람은 사상을 논하고, 보통 사람은 사건을 논하고, 소인은 사람을 논한다."

미국의 여성 사회운동가이자 정치가인 엘리너 루스벨트가 한 말이다.

당신이 자주 논하는 것은 무엇인가? 사상인가, 사건인가, 사람 인가? 문제는 사람을 논할 때 생긴다. 지혜로운 사람은 타인을 함부로 평가하지도, 조언하지도 않는다. 상대가 지혜로운 사람이라면 조언을 할 필요가 없고, 지혜로운 사람이 아니라면 조언을 받아들이지 않는다. 상대를 가르치려 하지 말고 변화시키려 하지도 마라. 당신이 먼저 변하라. 당신의 행동을 보고 바뀔 것이다.

나 자신을 정확히 아는 일

자기 자신을 정확히 아는 것으로부터 시작하라.
스스로에게 거짓말을 하지 말고 항상 성실해야 한다.
자신이 어떤 사람인지, 어떤 습성을 갖고 있으며
어떤 반응을 보이는 사람인지 제대로 알아야 한다.
사랑하기 위해, 사랑받기 위해,
스스로를 정확히 아는 것부터 시작하라.
자신조차 모르면서 상대를 알기란 불가능한 일이다.

사랑은 대상을 아는 데서 시작된다. 알면 이해하게
되고 이해하면 사랑할 수 있다. 가끔 모르고 사랑할
수는 있지만 그건 오래 못 간다. 더 이상 알기 위한 노력을 하
지 않으면 사랑은 식는다. 내가 알고 있는 것이 전부가 아니
다. 장미를 사랑하려면 장미를, 배우자를 사랑하려면 배우자
를, 자신을 사랑하려면 자신을 알아야 한다.
자신의 모습을 거울에 비춰 보듯이 상대의 태도를 보고 자신
을 알 수 있다. 그 중에서도 자신을 대하는 가족의 모습을 보
면 가장 잘 알 수 있다. 때로는 가족의 잔소리가 받아들이기
힘들 때도 있지만 사실이다.

아이처럼 행동하라

매 순간 아이처럼 행동하라.

자신을 지금 이 순간 속에 온전히 내맡겨라.

그러면 매일 그대에게 새로운 문이 열리고

새 빛이 나타나고 새 통찰이 일어날 것이다.

이런 새로운 깨달음으로 인해

그대는 계속 변화를 거듭한다.

그리고 어느 날 갑자기

그대는 자신이 매 순간 새롭게

거듭나고 있음을 알게 될 것이다.

옛것은 더 이상 주위에 남아 있지 않다.

자욱하게 그대를 둘러쌌던 옛것은 이제 모습을 감추었다.

그대는 이슬방울처럼 새롭고 신선한 존재가 되었다.

아이들에게는 날마다 새로운 날이다. 아이는 남을 의식하지 않는다. 어른이 된다는 것은 남을 의식하는 것이며, 날마다 새로운 날이 아니라 같은 일상의 연속이 되는 것이다. 어른이 아이처럼 사는 것은 물길을 거슬러 올라가는 연어처럼 특별하다. 유치한(childish) 어른이 아니라 세상물정 다 알지만 순진한(childlike) 어른으로 살아가는 사람은 고결하다. 그는 세월을 거슬러 사는 것이며, 하루를 매번 새롭게 사는 것이다.

나는 아이 같은 어른, 소년 같은 할아버지로 살고 싶다. 어른이 '귀엽다'는 말을 듣는 것은 아이같이 산다는 증거다. 육체는 늙어가지만 영혼은 늙지 않는다. 언제나 맑은 영혼으로 살고 싶다.

PART 04

•

틱낫한

Thich Nhat Hanh, 1926~

Thich Nhat Hanh

베트남의 승려이자 시인, 평화운동가로, 달라이 라마와 함께 생불로 꼽히는 지구촌의 영적스승이다. 16세에 출가하였으며, 24세에 베트남 최대의 불교연구센터인 인꽝 불교연구원을 설립했다. 1961년 미국 프린스턴대학과 컬럼비아대학에서 비교종교학을 공부했다. 이후 베트남 전쟁이 발발하자, 전 세계를 돌며 전쟁을 반대하는 연설과 법회를 열었다. 이러한 반전운동과 사이공의 탄압에 대한 저항 등 평화운동을 전개하면서 1967년 노벨평화상 후보에 올랐다. 그러나 베트남 정권이 귀국금지조치를 취하자 1973년 프랑스로 장기 망명했다.

1982년에는 '플럼 빌리지'를 창설하여, 마음의 평화에 이르기 위한 수행을 세계인들에게 본격적으로 전파하기 시작했다. 그의 수행방식은 서구 엘리트 계층으로부터 열렬한 관심과 지지를 받았고, 1990년에는 미국에 '그린 마운틴 수행원'을 설립해 명상을 전파해 나가고 있다.

저서로 《귀향》 《마음에는 평화 얼굴에는 미소》 《화》 등 80여 권이 있다.

버리면 보인다

인생은 마치 사다리를 오르는 것처럼
배우고 또 배워야 하는 과정이다.
겨우 네 번째 계단에 이르러서 제일 높은 곳에 왔다고
생각한다면 당신은 더 높이 올라갈 기회를 잃은 것이다.
다섯 번째 계단을 오르기 위해서는
네 번째 계단을 포기할 수 있는 지혜를 가져야 한다.

놓는 것이 잡는 것보다 더 어렵다. 버리기 전까지는 보이지 않던 것이 버리면 비로소 보인다. 지식이 또 다른 지식에 이르는 길의 장애물이다. 생각이 도그마로 굳어지면, 새로운 깨달음과 지식을 받아들이기가 어렵다. 지금 우리가 가지고 있는 지식과 관념 그리고 세상을 바라보는 모든 관점은 과거 알고 있는 것을 버림으로써 얻은 것이다. 새로운 것을 얻기 위해서는 지금 알고 있는 것을 버려야 한다.

천국

천국에 들어가기 위해 죽어야 할 필요는 없다.

사실 우리는 생생히 살아 있어야 천국에 들어갈 수 있다.

숨을 들이쉬고 내쉬면서 아름다운 나무를 껴안을 때

우리는 천국에 있다.

숨 쉰다는 걸 자각하며 한 숨을 들이쉬고, 더불어

눈과 심장과 간, 그리고 치통이 없는 상태를 자각할 때,

우리는 그 순간 곧바로 천국으로 들어간다.

평화는 어디에나 있다.

우리는 단지 그것과 접촉하기만 하면 된다.

죽음 너머의 세계는 알 수가 없다. 천국이 있든 없든 그건 중요한 것이 아니다. 중요한 것은 현재의 삶을 천국으로 만드는 것이다. 현재의 삶을 천국으로 만들지도 못하면서 사후의 천국을 바라는 것은 어리석은 일이다.

천국은 살아 있는 이 땅이다. 공기, 비, 나무, 햇볕, 바람, 흙, 소중한 것은 모두 공짜다. 소중하지만 언젠가 없어지는 것들을 지금 소중하게 생각할 때 천국이 된다.

천국을 만드는 것은 간단하다. 영국의 시인 로버트 브라우닝은 "행복한 가정은 미리 누리는 천국이다"라고 말했다. 당신은 세상을 천국으로 만들 수는 없지만 가정을 천국으로 만들 수는 있다.

진짜 기적

사람들은 물 위를 걷거나 공중에 뜨는 것을
기적이라고 생각한다. 하지만 진짜 기적은 물 위를 걷거나
공중에 뜨는 것이 아니라 땅 위를 걷는 것이다.
날마다 우리는 온갖 기적들 속에 파묻혀 살면서
그것들을 알아보지 못한다.
파란 하늘, 흰 구름, 초록색 나뭇잎,
호기심으로 반짝이는 아이의 검은 눈동자,
그리고 그것들을 바라보는 우리의 두 눈,
이 모두가 진짜 기적이다.

매일 일어나면 기적이 아니다. 가끔 일어나야 기적
이다. 모두가 경험하면 기적이 아니다. 특별한 사람
만 경험해야 기적이다. 우리는 그렇게 살아왔다.
그러나 기적은 매일 내 앞에 펼쳐지고 있다. 이 땅에서 숨을
쉬며 꽃을 보고 사랑하며 살아가는 것이 기적이지만 그렇게
느끼는 사람은 극소수일 뿐이다. 우리는 조만간 떠나야 할 운
명이지만 지금 이 곳에서 매일 웃고, 사랑하며 살고 있다. 이
보다 더한 기적이 어디 있을까. 많이 웃고 사랑하며 살자.

내 안에 있는 능력

자신을 과소평가하지 마라.

당신에겐 깨어날 가능성이 있다. 자비로워질 능력이 있다.

당신 안에 있는 가장 좋은 것에, 가 닿기 위해서는

조금만 연습하면 된다. 깨달음, 마음챙김, 이해, 그리고

자비가 모두 당신 안에 있다.

걷기 명상, 호흡 알아차리기, 마음 모아 설거지하기 같이

아주 간단한 실천만으로도 지옥을 벗어나

처음부터 내 안에 있던 좋은 씨앗들을 길러낼 수 있다.

석가모니도 깨닫기 전까지는 세상물정 모르는 평범한 왕자에 불과했다. 위인도 처음부터 위인으로 태어난 것이 아니다. 자신 안에 있는 위대한 것을 발견하고 그렇게 된 것이다. 내 집에 있는 것을 옆집에서 찾지 말고, 내 안에 있는 것을 타인에게서 찾지 말라.

부처가 되기 위해 노력할 필요가 없다. 우리는 이미 부처인데 그것을 알아차리지 못할 뿐이다. 내 안의 부처를 찾는 것이 수행이다.

● 틱낫한

스스로 행복하면

스스로 행복하지 않고 스스로 평화롭지 않으면,

다른 사람에게 행복과 평화를 나눠줄 수 없다.

비록 그들이 우리가 사랑하는 사람이고,

한 지붕 아래 사는 사람이라 할지라도 말이다.

우리 스스로 행복하고 평화로우면,

우리는 한 송이 꽃처럼 웃으며 향기를 뿜을 수 있다.

그리고 온 가족, 온 사회가 그 혜택을 받을 것이다.

행복한 사람은 자신이 먼저 준다. 내가 꽃이 되면 상대가 행복하다는 것을 알고, 내가 등대가 되면 상대가 희망을 볼 수 있다는 것을 안다. 내가 줄 수 있는 것이 없다고 슬퍼하지 마라. 마음으로 줄 수 있는 것이 너무 많지만 마음이 닫혀 있을 뿐이다.

행복은 조건이 아니라고 하지만 이 하나의 조건은 충족되어야 한다. 그것은 바로 인격이다. 인격은 행복을 위한 총체적인 조건이다. 인격은 행복을 담는 그릇이며, 인격의 크기와 깊이가 행복을 결정한다.

분별심과 분별력

평화와 자비는 이해와 분별하지 않음에서 온다.

저것을 버리고 이것을 잡는 것은 분별하기 때문이다.

우리는 자비의 눈으로 모든 살아 있는 것을

아울러 볼 수 있다. 자비로운 사람은 만물 안에서

자기 자신을 본다. 여러 관점으로 현실을 볼 수 있을 때,

우리는 모든 관점의 차이를 극복하고

모든 상황에서 자비롭게 처신할 수 있다.

분별심과 분별력은 뿌리는 같지만 의미가 다르다. 분별심이 한 방향에서 보는 것이라면 분별력은 여러 방향에서 보는 것이다. 하나만 아는 사람은 분별심을 가지지만 여러 가지를 아는 사람은 분별력을 가진다. 하나만 아는 것은 아무 것도 모르는 것보다 더 위험하다. 분별심은 편견이지만 분별력은 통찰이다.

삶의 무상

무상은 삶의 부정적인 모습을 보여주는 게 아니다.

무상이야말로 삶의 근본 바탕이다.

존재하는 것들이 무상하지 않으면 삶은 지속될 수 없다.

사과 한 알이 무상하지 않으면 삶은 지속될 수 없다.

사과 한 알이 무상하지 않으면

어떻게 그것이 사과나무로 바뀌겠는가?

어린아이가 무상하지 않으면

어떻게 어른으로 자랄 수 있겠는가?

꽃은 시들기 때문에 아름답게 보이고, 손님은 떠나 기에 소중하다. 끝나지 않는 노래가 있다면 소음보다 더 괴롭고, 영원한 삶이 있다면 천국이 아니라 지옥이다. 삶이 무상하기 때문에 사랑도 있고 행복도 있다.

영원한 것은 없다. 꽃도 지고, 젊음도 가고, 사랑도 변한다. 아름다운 것이 변해서 슬픈 것이 아니라 변하니까 아름답게 보이는 것이 아닐까?

놓아 버리기

우리를 괴롭히는 것들을 놓을 줄 알아야 한다.

행복은, 놓아 버림으로써, 행복에 대한 생각마저

놓아 버림으로써, 얻을 수 있다.

행복하기 위해 조건이 필요하지는 않다.

그 조건에 대한 생각이

행복으로 가는 길에 걸림돌이 되어

오히려 우리를 괴롭힌다.

행복으로 가는 가장 큰 걸림돌은 집착이다. 행복에 집착하는 것이 가장 행복과 멀어지게 하는 것이다. 불면증 환자가 억지로 잠을 자려고 할수록 잠이 더 안 오는 것과 같다. 잠을 잘 자는 사람은 잠을 의식하지 않는다. 행복한 사람도 마찬가지다.

놓으려고 하는 것도, 집착하지 않으려는 것도 집착이다. 하늘을 보고, 새소리를 듣고, 나무와 꽃을 보고, 빗소리를 듣고, 많이 웃는 사람이 행복한 사람이다.

배우자는 꽃이다

꽃을 키울 때 잘 자라지 않는다고 해서
그 꽃을 비난하지 않는다.
오히려 꽃을 잘 보살피지 못한 자신을 탓한다.
배우자는 꽃이다. 남편이 아내를 잘 보살핀다면,
아내는 아름답게 피어날 것이다.
반대로 아내를 제대로 보살피지 않는다면
그녀는 시들어버릴 것이다.
꽃이 잘 자라게 하기 위해,
우리는 아내의 진정한 모습을 이해해야 한다.
그녀가 얼마나 많은 물을 원하는지,
얼마나 많은 햇빛을 비춰줘야 하는지.

사자를 가축으로 키우지 못하는 것은 목동의 잘못이 아니지만 양을 가축으로 키우지 못하는 것은 목동의 잘못이다. 당신 하기에 따라 배우자가 사자가 될 수도 있고 양이 될 수도 있다. 그 책임은 배우자에 있는 것이 아니라 당신에게 있다. 배우자가 처음부터 사자였다면 그 또한 사자를 양으로 착각한 당신의 책임이다.

나의 배우자도 꽃이다. 그러나 가시 있는 꽃이다. 배우자를 꽃으로 보면 꽃밭이 되고 가시로 보면 가시덤불이 된다. 어떻게 보는가는 나에게 달려 있다. 나도 꽃으로 보고 싶다. 그러다가 가시에 찔려 아플 때도 있겠지만….

경청

자비로운 경청은 매우 중요하다.

우리는 다른 사람 말을 들을 때

내용을 판단하거나 분석하지 않고,

그 사람 안에 있는 고통을 덜어주겠다는 마음으로 듣는다.

그래서 주의를 집중하여 듣는다.

비록 그 말에 잘못된 부분이 있어도

상대방이 자기 안에 있는 아픔을 모두 토해낼 수 있도록

귀를 기울여준다. 잘못된 부분을 그 자리에서

바로잡아 주려고 한다면

경청 수련은 열매를 맺지 못할 것이다.

그럴 때는 며칠 뒤 따로 만나서 조용히

잘못된 부분을 말해주어라.

듣는 것이 말하는 것보다 더 어렵다. 듣기만 하는 것이 아니라 끊임없이 자신의 생각을 끌어들여 판단하고, 자신의 말을 언제, 어떻게 해야 할 것인지를 생각하기 때문이다. 경청은 귀로만 듣는 것이 아니다. 그것은 듣는 동안 두더지처럼 올라오는 생각을 조절하고, 말하고 싶은 유혹과 싸워야 하는 수행이다.

경청은 상대를 내 안으로 받아들이는 것이다. 상대가 말할 때는 귀만 여는 것이 아니라 마음도 열어야 한다. 경청은 내가 상대 마음속으로 들어가는 것이다. 상대의 말 속에 녹아 있는 마음을 아는 것이다.

내 감정 대하기

우리의 마음 속에는 고통, 화, 근심, 두려움의 장벽이 있다.

이런 부정적인 에너지가 우리를 지배하도록 내버려둔다면,

육체적으로 문제가 생기고

그로 인해 타인과의 관계가 힘들어진다.

이런 부정적인 힘들이 표층의식으로 드러나면

대부분의 사람들은 그것을 억누르거나 아예 회피해버린다.

그러나 우리는 고통으로부터 도망치는 대신

고통을 사랑스럽게 보살펴야 한다.

마치 엄마가 아이를 품에 안고 달래주듯이 말이다.

나는 숨을 들이쉬면서 나의 아픔을 느낀다.

나는 숨을 쉬면서 나의 아픔에 미소를 짓는다.

마음속에서 일어나는 감정과 싸우지 마라. 감정은 옳고 그름이 없다. 그것은 우리를 괴롭히기 위한 것이 아니다. 긍정적인 감정은 손님처럼 반갑게 맞아주고, 부정적인 감정은 우는 아이를 안아주듯이 부드럽게 안아주어라.

부정적인 감정은 싸워서 물리쳐야 할 적이 아니라 지켜보아야 할 대상이다. 내 안에서 꿈틀거리다가도 지켜보면 수줍은 듯 가라앉는다. 많은 시간이 필요한 것도 아니다. 숨을 깊이 쉬면서 숨 쉬고 있는 자신을 바라보라. 호흡은 마음의 흐름이다. 호흡을 바꾸면 마음도 바뀐다.

지금 이 순간, 내 안에

당신이 찾는 것은 이미 당신 안에 있다.

당신은 지금 당신이 원하는 모습 그대로이다.

지금 그대로 당신은 경이롭다. 당신이 원하는 모습이

되기 위해 미래를 기다릴 필요는 없다.

당신이 찾는 것은 이미 '지금 이 순간'에 있다.

하느님의 나라도 '지금 이 순간'에 있다.

당신의 깨달음도 바로 여기에 있다.

초등학교 시절, 소풍을 가면 보물찾기를 했다. 선생님은 보물을 돌이나 나뭇잎 밑에 숨겨놓아 쉽게 찾을 수 없게 했다. 신도 그랬을 것이다.

안에 있는 것을 밖에서 찾으니 찾을 수가 없다. 우리의 감각기관은 모두 외부로 향해 있다. 신은 우리에게 보물을 주었지만 씨앗으로 주셨다. 얼마나 많은 꽃씨가 피지도 못하고 사라졌는가. 내 안에 꽃씨가 있다는 것을 아는 것이 깨달음이다. 꽃씨를 꽃으로 키우지 못하는 것은 물을 주지 않은 우리의 잘못이다.

화가 나는 원인

타인 때문에 내 불행이 시작되었다고 생각하는 순간,
화가 시작된다.
내 고통의 모든 책임을 그에게 뒤집어씌우는 것이다.
그러나 자세히 살펴보면, 내 안에 있는 화의 씨앗이
내가 겪는 고통의 주요한 원인이라는 사실을 알게 된다.

다른 사람이 나에게 기름을 부어도 내 안에 불씨가 있어야 불이 붙는다. 화재의 원인은 항상 불씨이지 기름이 아니다. 기름은 언제, 어디서나 있기 마련이다. 화의 원인이 외부의 기름이 아니라 내 안의 불씨라고 생각하는 순간 대부분의 화는 일어나지 않는다.

나는 어렸을 때 불뚝성이 있었다. 평소에는 잘 하다가 화가 날 상황이 아닌 엉뚱한 곳에서 화를 내는 것이다. 의외의 상황에서 상대는 당황할 수밖에 없다. 성장하면서 화의 불씨가 내 안에 있다는 것을 아는 순간 화를 멈출 수 있었다.

화에 대처하는 법

감정은 종종 허리케인처럼 우리를 습격한다.

폭풍우 속에 서 있는 나무를 생각해보자.

몰아치는 비바람에 나뭇가지는 정신없이 휘어져도

땅에 깊이 뿌리를 내린 나무는 끄떡없다.

폭풍우처럼 격렬한 감정이 우리를 강타한다 해도

바람에 흔들리는 나뭇잎처럼 생각이 소용돌이치는 머리에

집중해서는 안 된다.

조용히 누워 손을 배에 올려놓아라.

숨을 들이쉴 때 배가 위로 솟아오르는 것을 느껴라.

숨을 내쉴 때 배가 내려가는 것을 느껴라.

생각에 골몰하는 대신

격한 감정이 소용돌이칠 때 의식적으로 육체에 집중하라.

땅에 깊이 뿌리 내리고 있는 나무가 되어라.

화가 날 때 자신에게 분노의 파도가 몰려오고 있다는 것을 아는 것은 무서운 꿈을 꾸고 있는 사람이 자신이 꿈속에 있다는 것을 아는 것과 같다.

화가 나면 기(氣)가 배에서 가슴으로, 가슴에서 머리로 올라간다. 기(氣)가 위로 올라갈수록 호흡이 빨라진다. 한 번 올라가면 끌어내리기 어렵다. 올라간다고 느낄 때 알아차리고 끌어내려야 한다. 화를 다스리는 가장 좋은 방법은 자신이 화를 내고 있다는 사실을 알아차리는 것이다. 그 다음은 천천히 깊게 숨을 쉬는 것이다.

호흡명상

숨 쉬면서 숨 쉬는 줄 아는 것이 기본수행이다.
숨 쉬기의 문을 통과하지 않고서는
누구도 성공적으로 명상을 할 수 없다.
자기 숨을 알아차리는 수행은
집중과 통찰의 영역으로 들어가기 위해 일단 멈추어,
깊이 들여다보는 문으로 들어서는 것이다.

우리는 5분만 숨을 쉬지 않으면 살 수 없으면서, 숨을 쉬고 있다는 것을 의식하지 못하고, 언제 죽을지도 모르면서, 지금 살아 있다는 것을 모르고 살아가고 있다. 행복은 선택이며 알아차리는 것이다. 행복을 선택하는 사람은 어떠한 상황에서도 행복을 선택한다. 숨을 쉬면서도 알아차리지 못할 때가 많듯이, 행복한 상태에 있을 때도 알아차리지 못할 때가 많다.

지금 자신이 살아 숨 쉬고 있다는 것을 알아차리는 것처럼 행복을 느끼려면 지금 자신이 살아 있으며, 사랑하고 사랑받고 있다는 것을 알아차려야 한다.

행복의 열쇠는 통찰

마음 챙김은 집중을 가져다주고,

집중은 통찰을 가져다준다.

통찰은 무지, 분노, 탐욕으로부터 우리를 해방시킨다.

분노와 무지와 탐욕이라는 무거운 짐을 지고 허덕이면서

어떻게 행복할 수 있겠는가?

통찰이 행복의 열쇠인 까닭은

모든 불행과 곤경으로부터

우리를 해방시켜 주기 때문이다.

산 속에서는 산을 보지 못하고, 무지 속에 있을 때는 무지를 보지 못한다. 지식은 외부에서 오지만 통찰은 내면에서 나온다. 통찰은 자신이 보지 못한 것을 보게 하고 필요 없는 것을 내려놓게 한다. 통찰은 한꺼번에 오지 않지만 작은 깨달음이 쌓이면 생긴다. 통찰력이 있는 사람이라고 흔들리지 않는 것은 아니다. 흔들리더라도 금방 자신의 길을 찾아간다.

이해하면 사랑할 수 있다

불교에서는 사랑과 자비가

'이해'라는 원천에서 나온다고 가르친다.

이해하면 사랑할 수 있다.

그러나 이해가 없으면

누군가를 받아들이고 사랑하는 일이 불가능해진다.

그 남자가 왜 그랬을까? 그 여자가 왜 그런 말을 했을까?

이런 질문을 품고 깊이 들여다보면,

그 사람이 그럴 수밖에 없는 이유를 알게 될 것이다.

이렇게 이해가 되면 저절로 비난과 비판이 멈추어진다.

다시 자비와 사랑이 솟아난다.

사랑은 이해할 수 없는 감정이지만 사랑은 이해에서 온다. 이해(understand)는 밑에서 보는 것이 아니라 위에서 보아야 보인다. 한눈에 알아차리는 것이 아니라 오래 품고 있어야 이해할 수 있다. 오해는 관계의 끝이 아니라 더 깊은 이해를 위한 관문이다. 그때 사랑은 전과 같은 사랑이 아니다.

고통의 씨앗은 내 안에 있다

내가 잘못된 생각을 갖고 있으면

내 안에 있는 분노의 씨앗이 커져 있을지 모른다.

그래서 좋지 않은 무언가를 듣거나 보면 그 순간

분노의 씨앗이 물을 만나 화가 되는 것이다.

고통을 겪는 가장 큰 이유는 바로 나 자신 때문이다.

이 사실을 알고 있다면 조금 덜 화가 날 것이다.

나의 분노를 깊이 들여다보면

잘못된 생각이나 잘못된 시작, 오해 때문에

이 모든 화가 생겼음을 알 수 있다.

그 사실을 깨달으면 우리의 분노는 변화한다.

마음에는 긍정과 부정이 씨앗의 형태로 우리 속에 있다. 어디에 물을 주느냐에 따라 부정의 씨앗이 자랄 수도, 긍정의 씨앗이 자랄 수도 있다. 제일 쉬운 것이 부정이다. 잡초처럼 가만있어도 자라는 것이 그것이다. 긍정이 더 어렵다. 뱃살과 복근을 보면 알 수 있다. 수행은 우리가 부정 대신 긍정의 씨앗에 물을 주는 것이다.

PART 05

●

안셀름 그륀

Anselm Gruen, 1945~

A n s e l m   G r u e n

성 베네딕토 수도회 수사 신부로 '사제를 치유하는 사제', '유럽인들의 멘토'로 불리는 우리시대 최고의 영성작가.
독일 뮌헨에서 태어나 고등학교를 졸업하고 곧바로 베네딕토회에 입회한 후 사제로 서품되었다.
대학에서 철학과 신학, 경영학을 공부하고, 신학 박사학위를 받았다. 1977년부터 수도회 소속 뮌스터슈바르차흐 대수도원의 재정관리를 맡았으며, 현재는 피정과 영성지도, 강연과 저술활동을 주로 하고 있다.
지금까지 200여 권이 출판, 30여 개국에 번역되어 전 세계적으로 1,500만 부 이상 판매되었다. 그는 동양의 명상법에도 관심을 가지면서 지역과 종교를 넘어 많은 독자들의 영혼에 깊은 울림을 전해주고 있다.
저서로는 《피정하고 싶다》《자기 자신 잘 대하기》《하루를 살아도 행복하게》《당신은 이미 충분합니다》등 다수가 있다.

바꿀 수 없다면, 사랑하라

"바꿀 수 없다면, 사랑하라. (Change it or love it)."
바꿀 수 없는 것은 인정해야 한다.
받아들이는 것 말고는 다른 방법이 없다.
이는 거리낌 없는 양심과 내면의 자유로운 감정
그리고 호의적이고 기쁜 마음으로 재해석된 상황에
대처하기 위해 또 다른 관점을 갖기로 결심하는 것이다.

 한때 예쁘게 보이던 것이 밉게 보일 때가 있다. 사랑하는 이유가 미워하는 이유가 되기도 한다. 사랑이 변하는 것은 상대가 변하기 때문이 아니다. 상대를 보는 나의 마음이 바뀌기 때문이다. 사람은 잘 바뀌지 않는다. 상대를 바꿀 수 없다면 자신을 바꾸어라.

나의 피를 받은 아이들도 바뀌지 않는다. 피 한 방울 섞이지 않은 배우자는 더더욱 바뀌지 않는다. 그런데 나는 그들을 바꾸려고 했다. 바꾸려는 노력으로 그들을 더 사랑했더라면 바뀌었을지도 모른다. 쉬운 길을 두고 너무 멀리 돌아왔다.

삶을 기쁨으로 채워라

기쁨이란, 무엇일까? 아주 간단하다.
건강하고 자유롭게 움직이는 것, 마음껏 숨 쉬는 것이다.
그리고 삶에서 놀라운 일을 발견하는 것도 기쁨이다.
당신의 기쁨과 접촉하라. 기쁨으로 당신을 채워라.
우리 삶은 칭찬, 애정, 성공 혹은 실패에 좌우되지 않는다.
우리의 삶은 내적인 기쁨에 의해 결정된다.

기쁨은 어디에나 있지만 마음이 열려 있는 사람에게
만 들어갈 수 있다. 과거의 후회나 내일의 걱정으로
현재 들어오는 기쁨을 막을 필요는 없다. 지금 들어오려는 기
쁨을 막는다고 내일 걱정이 해결되는 것도 아니다. 해도 안 되
는 것과 할 필요도 없는 것을 가지고 씨름하느라 지금 내 발밑
에 있는 꽃을 밟고 지나가지 마라. 기쁨은 지금 받아야 할 삶
의 선물이다.
스티브 잡스는 암과 싸우면서 일을 떠나서는 기쁨이라고는
거의 느끼지 못했던 자신의 과거를 후회했다. 건강을 잃으면
지금 누리는 기쁨의 대부분은 사라진다. 기쁨은 일이 완성되
었을 때 느끼는 것이 아니라 '지금 이 순간'에 느끼는 것이다.

좋은 관계를 맺고 살아가라

잘 산다는 것은
사람들과 좋은 관계를 맺고 살아가는 것이다.
삶이 풍성하다면 당신의 주변에서 꽃이 피어난다.
당신의 삶이 피워낸 꽃으로
다른 사람들이 위안을 얻을 것이다.

혼자 웃는 사람은 없다. 있다면 그 사람은 정신병자일 것이다. 혼자만 행복한 사람은 없다. 내가 행복하려면 다른 사람도 그렇게 되어야 한다. 꽃을 들고 있는 사람이 많으면 꽃향기에 취하고 생선을 들고 있는 사람이 많으면 비린내에 취한다. 내가 먼저 꽃이 되고 미소를 던지면 다른 사람도 그렇게 답할 것이고 내 주변이 아름답게 변할 것이다.

고등학교 교훈이 '잘 살자'였다. 처음에는 우스웠지만 살아갈수록 좋은 교훈이라는 것을 느낀다. 내가 생각하는 잘 사는 기준은 '삶을 어떻게 예술로 만들 것인가' 하는 것이다. 그것은 어제보다 더 나은 오늘, 많이 웃고 사랑하는 삶을 사는 것이다.

신의 모습

어쩌면 당신은 어떤 특별한 것을 기대하고 있기 때문에

날마다 당신 앞에 나타나는 신을

알아보지 못할 수도 있다.

신은 사람의 모습으로 나타난다.

당신에게 뭔가를 부탁하는 사람,

그리고 당신의 미소를 기다리는 사람의 모습으로.

어딘지 모르게 영적인 빛이 느껴지는 사람들이 있다.

그들이 바로 천사이다. 적당한 시점에 우리 삶에 나타나,

축복이 될 수 있는 것들을 암시해주고,

길을 잃은 우리를 안내해주는 천사,

천사와 눈이 마주칠 때,

우리는 순수한 기쁨을 느낄 것이다.

천사를 볼 수 없다면

당신의 욕구에 눈이 멀어 있기 때문이다.

신이 인간을 사랑한다면 지고지순한 모습으로 높은 곳에 있지 않을 것이다. 보이지 않지만 마음만 열면 우리 곁에 와 있을 것이다. 인간이 볼 수 있는 첫 번째 신은 어머니다. 어머니는 신이 우리에게 보낸 신의 대리자이다.

맑은 웃음과 친절을 베풀어주는 사람들, 힘들 때 도와주고 외로울 때 따뜻하게 위로해주는 사람들, 그런 사람들도 신이 보낸 천사들이다. 삶에서 천사를 볼 수 없다면 삶을 바라보는 자신의 태도에 문제가 있다. 천사를 보려면 자신이 천사의 마음을 가져야 한다. 천사를 멀리서 찾지 말고 가까운 데서부터 찾아라. 아내가 천사로 보이면 가정이 천국이 된다. 나도 가끔은 반대로 보이기도 하지만 아내를 천사로 보려고 한다. 그때는 가정이 천국이 된다.

칭찬은 최고의 전략

다른 사람들이 성취한 것을 인정하라.

사람은 누구나 진심으로 인정받기를 원한다.

칭찬을 받으면 기쁨이 솟아나고 가슴 속에 꽃이 피어난다.

칭찬은 그야말로 하나의 예술이다.

칭찬을 하려면 솔직함, 자연스러움,

다른 사람의 있는 그대로를 받아들일 수 있는 눈,

그리고 그 사람이 당신과 사회에 어떤 의미가 있는지

인지하는 능력이 요구된다.

칭찬을 함으로써 당신은

세상을 또 다른 빛으로 볼 수 있다.

당신의 영혼이 살아 있도록 해주는 것도 칭찬이다.

칭찬은 당신의 영혼에서 우러나오기 때문이다.

사람들은 예외 없이 칭찬받기를 원한다. 겸손한 사람, 자신의 선행을 숨기는 사람도 마찬가지다. 다만 그들은 특별한 방식으로 칭찬받기를 원하는 것이다.

높은 곳의 물이 낮은 곳으로 흐르듯이 칭찬도 상대보다 내공이 높고, 자신의 영혼이 살아 있어야 할 수 있다. 칭찬은 상대도 살리고 자신도 살린다. 칭찬해야 할 상황에서 하지 않는 것은 상대에게 비난으로 받아들여진다.

내가 가장 칭찬을 많이 한 사람은 아내다. 음식 솜씨를 칭찬하니 요리사가 되었다. 몸매를 칭찬하니 죽었던 라인이 살아 돌아왔다. 처음부터 잘해서 칭찬한 것이 아니라 칭찬이 그렇게 만든 것이다. 칭찬의 가장 큰 수혜자는 아내가 아니라 내가 된 것이다.

반대로 해본 적도 있었다. 판단하고, 지적했더니 사람이 더 거칠어졌다. 결국 칭찬이 최고의 전략이라는 것을 알게 되었다.

적절할 때 찍는 쉼표

어디론가 끊임없이 향해야 하는 우리는
지친 몸을 잠시 쉬게 할 숙박소가 필요하다.
적절할 때 휴식을 취해야만
끝까지 가는 길이 힘들지 않고,
왔던 길을 되돌아가고 싶은 충동에 시달리지 않는다.
멈추는 것이야말로 인간적으로 성숙해지고
정신적으로 발전하기 위한 전제조건이다.
휴식은 새로운 길을 찾는 기회이기도 하다.
새로운 방향으로 나아간다는 것은 변화하는 것을 의미한다.
지속적으로 변화하기 위해서는
잠시 머물 줄도 알아야 한다.

쉼표가 있어야 음악이 되고, 여백이 있어야 그림이 되듯이 휴식은 삶의 쉼표이며 여백이다. 침묵의 시간이 있어야 깊은 말이 되듯이 휴식은 정체가 아니라 더 큰 활력을 위한 적극적인 활동이다. 나아가기만 하는 사람은 방향을 잃을 수가 있다. 휴식은 삶을 새롭게 볼 수 있는 정적이면서도 창조적인 활동이다. 적절할 때 쉼표를 찍지 못하면 조만간 엉뚱한 곳에서 마침표를 찍어야 할지도 모른다.

감사하는 마음

감사하는 마음을 가진 사람은

인생에 불행이 닥치거나 어떠한 방해물을 만날지라도

내적인 기쁨을 잃지 않는다.

비록 자신의 계획이 무산되는 일이 생기더라도

감사하는 마음이 있다면

어딘가에 열려 있을 새로운 문을 찾을 수 있다.

보다 넓고 환한 길로 연결된 문을.

신이 당신에게 선물한 순간순간에 감사하라.

스스로를 다른 사람과 비교하지 마라.

다른 사람을 쳐다보는 대신

당신 자신은 어떠한지 바라보라.

자신 안에 머물며 그냥 단순하게 존재하라.

이렇게 해야 평온함을 찾을 수 있다.

자신과 조화를 이루고

평화롭게 순간을 즐길 수 있는 것이다.

큰일에 감사하는 것은 누구나 할 수 있는 일이다. 진정한 감사는 작은 일에 하는 것이다. 감사는 현재 가진 것에 대해 하는 것이지 바라는 것이 이루어졌을 때 하는 것이 아니다. 바라는 일이 이루어지는 것은 기적이다. 기적이 있을 때만 감사한다면 감사할 일이 별로 없을 것이다. 바라는 일이 이루어지지 않았다고 하더라도 실망할 필요는 없다.
자주 일어나면 그건 기적이 아니다.

약점에 화내지 마라-

당신의 문제점이나 약점을 한탄하지 마라.

오늘, 당신이 있는 곳에서 잘할 수 있는 것이 무엇인지

주의를 기울여보라. 자신의 능력에 집중하라.

당신 자신에게 잘해야 한다.

우리는 모두 장점이 있는 존재이다.

당신도 물론 예외가 아니다.

당신 자신을 따뜻하게 대하라.

있는 그대로 자기를 받아들이는 것,

한계를 인정하면서도 자신을 사랑하는 것이야말로

진정한 행복을 발견할 수 있는 열쇠이다.

나 자신의 약점에 화를 내지 말고

사랑스럽게 바라보고 함께 느껴보라.

부드러운 시선으로 바라볼 때

초라했던 내 약점은 소중한 내 일부가 된다.

장미에게 가시가 약점인가, 박쥐의 시력이 나쁜 것이 약점인가? 자신의 약점이라고 생각하는 것이 과연 약점인가?

자신이 할 수 없는 것보다 자신이 할 수 있는 것에 집중하라. 자신의 약점을 보완하는 것도 중요하지만 장점을 찾아내고 발전시키는 것이 더 중요하다.

가시가 있음에도 장미가 많은 사람들의 사랑을 받는 것은 꽃이 예쁘기 때문이다. 당신의 가시를 떼어낼 필요가 없다. 대신 꽃을 예쁘고 향기롭게 가꾸어라.

자신의 별

지나치게 다른 사람들에게 맞추다 보면,
만족하지 못하거나 실망을 안게 된다.
혹은 부담과 피곤으로 지쳐 쓰러질 것이다.
자신에게 맞지 않는 계획이나 목표를 위해
기력을 소모하고 있으니 그럴 수밖에 없다.
내면의 방향과 반대로 살아가게 되면,
우리는 흔히 병에 걸린다.
자신에게서 유일무이함을 발견하고,
당신의 삶 위에서 빛나고 있는
당신만의 별을 따르는 법도 배워야 한다.

산행이 즐거우려면 자신의 속도로 가야 하고, 춤이
신나려면 자신의 춤을 춰야 한다. 당신의 내면에서
나오는 소리에 집중하라. 자신의 별을 찾으려는 사람은 자신
을 오래 관찰하고, 자신과 오래 대화해야 한다. 사는 것이 힘
들 때는 자신에게 맞지 않는 길을 가는 것은 아닌지 생각해 보
아야 한다.

기다릴 줄 아는 삶

급하게 서두르거나, 지나치게 바삐 살아가는 태도는
살아가면서 중요한 것을 이루는 데 오히려 독소가 된다.
적절한 시간이 될 때까지 기다릴 줄 알아야 한다.
아이들이 성장하는 것을 지켜보거나
친구들 사이에 우정이 만들어질 때도 마찬가지이며,
남녀 간의 사랑이 무르익기 위해서도 역시 기다려야 한다.

풀꽃도 기다려야 피고, 못난 모과도 기다려야 익는다. 모든 것은 때가 있으니 그때를 기다릴 줄 알아야 한다. 지금 바라는 것이 이루어지지 않는다고 조급해하지 말라. "신은 채찍이 아닌 시간으로 길들인다"는 쇼펜하우어의 말을 기억하라.

영어를 처음 배울 때 가장 기본적인 '3인칭, 단수, 현재형에는 동사원형에 s를 붙이는 것'이 잘 안 되어 꾸중을 듣던 아이가 지금은 나보다 영어를 훨씬 더 잘한다. 때가 되면 되는 것을 그때는 왜 그리 조급하게 생각했던가.

오티움

로마인들은 명상, 즉 '오티움(otium)'에
특별한 의미를 부여했다.
그들에게 명상은 신성한 의미가 있었다.
신성한 시간이란 오로지 나에게만 속해 있으므로
다른 어떤 사람들도 이 시간을 방해할 수 없다.
신성한 시간에 나는 나 자신으로 머문다.
살아가면서 우리 모두에게는 그처럼 신성한 시간,
다른 사람들이 방해하지 못하는 영역이 필요하다.
우리는 이 영역을 보호해야 한다.
이 영역은 끊임없이 우리에게 밀어닥치는
온갖 요구들로부터 자유롭게 해주는
신성한 공간을 만들어낸다. 또한 이 영역은
내가 무엇보다 소중하게 여기는 가치를 보호해준다.

'오티움'은 '내적 기쁨을 주는 여가활동'이란 뜻의 라틴어다. 오티움은 사람마다 다르다. 공통점이 있다면 행위의 보상이나 결과와 관계없이 활동하는 과정에서 기쁨을 누린다는 것이다.

오티움은 사막의 오아시스처럼 그 속에서 스스로 기쁨과 행복을 느낀다. 취미가 오티움이 될 수도 있고 명상이나 종교가 오티움이 될 수도 있다. 오티움은 휴식과 내적 성장을 가져다주며 외로움과 외부로부터 자신을 보호해준다.

자신의 오티움을 가진다는 것은 자신만의 세계를 가진다는 것이다. 자신만의 세계가 있는 사람은 현실이 힘들어도 스스로를 지켜낼 수 있고 인간관계에서도 여유롭고 관용적인 사람이 될 수 있다.

나의 오티움은 독서와 글쓰기다. 나의 서재는 미래전략실이며 힐링센터다. 이곳은 진지하면서도 날카로움이 번득이며 휴식과 위안이 있다.

이별을 기쁘게 받아들이는 마음

우리는 수천 가지의 이별을 알고 있다.

모든 변화는 이별을 전제로 한다.

이별할 때 새로운 것을 받아들일 수 있다.

친한 사람들에게 집착하는 것은 우정이 아니다.

이것은 우정을 지루하게 지속할 뿐이다. 옳지 않다.

이별을 아쉬워하지 마라.

이별을 인정하는 순간, 바로 상대에 대한 편견이 사라진다.

이별은 상대를 새로운 환경에 적응할 수 있도록 해준다.

그리고 당신 역시 마음껏 새로운 일을 시작할 수 있다.

이별은 참아낼 가치가 있다.

이별을 기쁘게 받아들여라.

'시절인연(時節因緣)'이란 말처럼 모든 인연에는 때가 있다. 인연이 있어서 만나고 인연이 다하면 헤어지는 것이다. 이별은 삶에서 꼭 필요한 과정이다. 특히 사랑하는 사람과 하는 이별은 고통스럽다. 누구나 자신의 길을 가야 한다. 떠나야 할 사람에게 집착하지 마라.

나도 결혼 전에 몇 번의 이별이 있었다. 사랑할 때보다 이별할 때 더 깊어졌다. 나는 첫사랑과 결혼한 사람을 부러워하지 않는다. 한 번도 이별의 아픔을 경험하지 않은 사람이 결혼이라는 험한 길을 간다는 것이 위태롭게 보인다.

목표는 실현 가능한 것으로!

현실적인 목표를 정하라.

어떠한 환상도 추구하지 않는 달성할 수 있는 목표로.

이를 위해서 당신은 삶에 있어서 타협해야 하는 것을

파악해야 한다.

남은 것은 온전히 그 일에 매달리는 것이다.

만약 성공하지 못했다면,

너무 많은 일을 하려고 한 것이 아닌지 의심해 보아야 한다.

그런 다음 그 전보다 더욱 현실적인 목표를

한 번 더 정해보라. 그리고 다시 그 일에 매달리는 것이다.

당신의 인내에 대한 보답이 있을 것이다.

꿈은 실현가능한 것이어야 하지만 이루기 어려운 꿈 하나는 있어야 한다.

체 게바라도 그런 말을 했다.

"우리 모두 리얼리스트가 되자. 그러나 가슴엔 불가능한 꿈을 갖고 살자."

꿈을 이루려면 지금, 여기서, 자신이 할 수 있는 일부터 시작하라. 큰일을 하려는 사람은 작은 일부터 시작한다. 작은 일을 해 본 사람이 큰일을 할 수 있다.

나의 마지막 책은 시대와 국가를 초월하여 많은 사람들에게 사랑받는 《어린왕자》같은 책이 되길 바란다. 그것이 불가능한 꿈으로 끝날지라도 그런 꿈을 버리지 않고 있다.

마음 속 생각을 인정하라

불쑥 떠오르는 생각이

부당하고 이기적이고 잔인하더라도,

그런 생각에 놀라지 마라.

타인의 죽음을 소망하는 자신을 발견했을 때조차

불안해서는 안 된다.

미움과 시기, 질투와 증오를 품었다고 해서

질책하거나 자신이 약하다고 생각할 필요도 없다.

그건 단지 우리를 불안과 자책으로 몰고 갈 뿐이다.

가장 좋은 방법은 시인하는 것이다.

마음속의 생각을 허락하라.

생각을 행동으로 옮기지 않는 한

우리는 그 생각과 싸울 뿐이다.

부정적인 생각은 물리치기 힘들다. 성서에 "여자를 보고 음욕을 품는 자마다 이미 간음하였느니라"는 말씀이 있지만 그런 잣대를 들이대면 죄인 아닌 자가 없을 것이다. 어떤 감정을 느끼더라도 그 생각만으로는 죄가 되지 않는다. 문제는 느낀 감정을 어떻게 다루느냐이다. 자신의 머리 위로 새가 나는 것은 막을 수가 없다. 하지만 새가 자신의 머리 위에 집을 짓는 것을 막을 수는 있다.

지난 날 불쑥불쑥 튀어나오는 불순한 생각으로 죄책감을 느낀 적이 많았다. 내 안에 잠자고 있는 악마가 심술을 부리는 것 같았다. 그런 생각을 누르려고 하면 할수록 두더지게임을 하는 것 같았다. 시행착오를 겪으면서 알게 되었다. 그런 생각은 잡는 것이 아니고 지켜보는 것이며, 죄책감을 느낄 필요까지는 없다는 것을.

상처에 대해 이야기하는 법

마음의 상처를 치유하기 위해서는

당신의 입장을 밝혀라.

그래야 내면의 긴장감으로부터 해방될 수 있다.

하지만 문제는 가장 깊게 상처를 입힌 것에 대해서는

이야기할 수 없다는 점이다.

사람들은 분노, 고통, 실망을

속으로 삭이는 걸 미덕이라고 생각한다.

그러나 건강을 위해 결코 좋은 방법이 아니다.

우리가 상처에 대해 이야기하는 법을 배우는 것은

인생에서 정말 중요한 일이다.

상처를 준 사람은 없는데 상처를 받은 사람은 많다. 시간이 지나면서 저절로 치유되는 것도 있지만 상처를 가슴 속에 넣어놓고 혼자 고통을 받는 것은 마음속에 불씨를 안고 있는 것과 같다.

누군가에게 화가 나 있을 때는 화가 나지 않은 척하지 마라. 다시 안 봐도 될 사람이라면 참고 넘어갈 수도 있다. 만약 상대가 당신에게 소중한 사람이라면 당신이 화가 나 있고 그 때문에 힘들다는 사실을 털어놓아야만 한다. 이때 자신이 상처로 인하여 힘들다는 것을 말해야지 상대에 대한 판단이나 비난을 해서는 안 된다.

내 몸이 말하는 것

우리는 기본적인 욕구를 무시하기보다는,

그 욕구를 온화하게 다루는 법을 먼저 배워야 한다.

탐식(貪食)하는 것이 아니라 실제로 즐길 수 있어야 한다.

그것은 음식을 의식하며 천천히 먹는 것이다.

의식할수록 과식의 위험은 줄어든다.

육체는 무엇이 좋은지를 스스로 알고 있다.

그래서 육체에 귀를 기울이는 건 중요하다.

육체에 귀를 기울이기 위해서는 침묵해야 한다.

그래야만 영혼의 가장 중요한 파트너인

육체를 만날 수 있다.

상대를 사랑하면 상대가 하는 말을 잘 들어야 하듯이 자신을 사랑한다면 자신의 몸이 하는 말을 잘 들어야 한다. 육체는 끊임없이 말을 걸어오고 있는데 우리가 그것을 무시하면 병이 난다. 빨리 먹는 사람은 과식을 하기 마련이다. 몸이 반응을 하기도 전에 위장에 쑤셔 넣으니 몸이 힘든 것이다. 말을 할 때 상대가 알아듣는지 살펴가면서 말을 해야 하듯이 식사를 할 때도 몸의 반응을 살피면서 해야 탈이 없다. 술을 마시거나 다른 일로 무리하면 몸이 말한다. 몸이 하는 말에 귀를 기울이지 않으면 언젠가 보복을 당한다.

용서

용서는 분노가 시작되는 곳이 아니라, 끝나는 곳에 있다.

우리를 모욕하던 자가 여전히 우리 안에 존재한다면,

상처는 치유될 수 없다. 칼이 꽂힌 채로 아물 수는 없다.

분노는 모욕한 이를 몰아내는 힘이다.

분노가 끝나는 지점에 이르러서야 비로소

당신을 모욕한 얼굴을 볼 수 있다.

그제서야 당신은 그 역시도 상처 입은 자라는 것을

알게 될 것이다. 그 자신이 아프기 때문에

당신을 괴롭혔다는 사실을 말이다.

분노는 내 등에 꽂힌 칼을 뽑는 것이다. 꽂힌 칼을 뽑을 때는 간결해야 한다. 분노가 길어지면 또 다른 상처를 만들 수도 있다. 치유는 결국 용서로 할 수 있다. 쉽게 할 수 있다면 그건 용서가 아니다. 쉽게 할 수 없는 것을 하는 것이 용서다. 용서는 상대를 위해 하는 것 같지만 나를 위해서 하는 것이다. 용서란 상처를 준 사람을 사랑하는 것도 아니고, 과거를 덮어버리는 것도 아닌, 더 이상 아픈 과거에 머무르지 않는 수단이다.

침묵

침묵을 즐겨라.

어느 누구도 당신에 관해 알고자 하지 않는다.

당신은 존재하기만 하면 된다.

당신은 침묵하는 가운데

마음속에 떠오르는 것을 들을 수 있다.

머릿속에 든 모든 것을 지껄여야 직성이 풀리는 사람들은

항상 피곤하다. 그들은 어느 것도 가슴에 묻어두지 않고,

한순간도 조용히 있으려 하지 않는다.

침묵이 두렵기 때문이다.

그들은 자기중심으로 가지 못하며, 자신의 영혼을 느끼지 못한다.

말을 해야 할 때가 있고 침묵을 지켜야 할 때가 있다. 말을 해야 할 때가 아닌데 말을 하는 것은 가벼움이고, 말을 해야 할 때 침묵을 지키는 것은 비겁함이다. 개가 짖는 것은 두려움 때문이고, 말이 많은 것은 존재의 가벼움 때문이다. 사람은 수다로 가벼워지고 침묵으로 깊어진다. 수다는 타인에 대한 관심이나 배려가 아니라 자신의 외로움과 두려움에 대한 몸부림이다.

PART 06

●

발타자르
그라시안

Baltasar Gracian, 1601 ~ 1658

Baltasar Gracian

스페인의 철학자. 작가이자 신부. 쇼펜하우어와 니체에 의해 '유럽 최고의 지혜의 대가' 라는 칭호를 받았다.

의사의 아들로 태어나 15세에 발렌시아 사라고사대학에서 철학을 공부했고, 18세에 예수회 신부가 되었다. 이때 풍부한 식견과 지혜를 바탕으로 한 강의가 큰 명성을 얻었다. 예수회 대학에서 교수로 재직하며 글을 썼지만 현실비판적인 내용 때문에 여러 번 예수회로부터 제명당할 위기에 처하기도 했다. 하지만 군종신부로서 탁월한 재능을 발휘해 '승리의 대부'라는 칭호를 받고, 스페인 국왕의 고문자격으로 마드리드 궁정에서 철학 강의와 설교를 했다.

그가 바라보는 세상의 모습은 대단히 부정적이다. 그는 인간이 선한 본성과 악한 본성이 혼재한 복잡한 존재라는 것을 꿰뚫어보고 각박한 시대를 살아가는데 필요한 실용적인 지혜를 강조했다.

저서로는 마키아벨리의 《군주론》과 맞먹는 것으로 알려진 《세상을 사는 지혜》 외에 《정치가》《사려 깊은 자》《비판자》 등이 있다.

적당한 거리

소탈하고 격의 없는 사람은 넉넉함이 드러나며
흉금을 털어놓는 사람은 진실을 보여준다.
그러나 상대방과 적당한 거리를 유지하지 못하면
그 모든 장점이 사라진다.
별이 아름다운 까닭은 손에 넣을 수 없기 때문이다.
존경과 위엄은 허물없이 지내는 사이에서는
결코 자라나지 못한다.
대등하거나 또는 서로를 얕잡아보는 마음을 지닌
사람들이 가지는 감정은 친숙함뿐이다.

의형제를 맺어 같이 살고 같이 죽자던 사람들이 오래 가는 것 못 봤다. 시골 동네에 형제 이상으로 가까이 지내던 이웃 삼총사는 어떻게 되었을까. 한 사람은 이사 갔고, 두 사람은 말도 하지 않는 사이가 되었다.
사람들과 지나치게 가깝게 지내지 말고 일정한 거리를 두라. 가까운 사이라도 어느 정도의 거리는 있어야 한다. 허물없이 지내면 편할지는 몰라도 격의 없는 말과 행동에 상처를 받기 쉽다.

어수룩함의 비밀

세상의 원리를 깨우친 사람이라면

때로는 아무것도 모르는 듯 행동하는 것이

진정한 지혜임을 알고 있다.

세상 물정에 어두운 게 아니라 단지 그렇게 보일 뿐이다.

특히 학식이 부족한 사람들 속에서는

높은 지성이 큰 도움이 되지 않는다.

상대가 알아들을 수 있는 말로 이야기하는 것이 상책이다.

어리석은 척하는 사람은 진짜 어리석은 자가 아니다.

어리석은 듯 행동한다고 해서 바보도 아니다.

무리 속에 잘 섞이기 위해 잠시 다른 탈을 쓰는 것은

매우 쓸모 있는 삶의 기술이다.

소인은 '외화내빈(外華內貧)'하고 대인은 '화광동진(和光同塵)'한다. 소인은 겉은 화려하나 속은 텅 비어 있고, 진정한 빛은 혼자 잘난 체하지 않고 속세와 잘 어울린다.

어리석은 사람은 자신의 어리석음을 감추기 위해 잘난 척하지만, 정말 잘난 사람은 그럴 필요가 없다. 그런 사람은 오히려 자신을 어수룩하게 보이게 한다. 그때 드러나는 것은 스스로 드러내는 것보다 더욱 아름답게 보인다. 잘난 척만 하지 않아도 세상살이가 한결 편하다. 그렇게 살아도 세상에 눈 밝은 사람은 다 알아보기 마련이다.

농담에 잘 대응하는 법

자신이 웃음의 소재가 되더라도
흘려보낼 수 있다면 그릇이 큰 사람이다.
그들은 타인에게 똑같이 질 나쁜 농담을 함으로써
되갚아주려고 하지 않는다.
내게 오는 농담은 여유롭게 피하고, 타인에겐 삼간다.
농담에 잘 대응하는 것도 지성과 기품의 일부분이다.
모르는 척하고 흘려듣는 것이 요령이다.
다만 인내의 한계가 어디까지인지 미리 알려두어야
최악의 사태를 막을 수 있다.

권투선수가 시합을 할 때 잽을 몇 번 던져보면 상대의 수준을 알 수 있듯이 농담을 던져보면 상대의 그릇을 알 수 있다. 그릇이 작은 사람에게는 농담을 조심하라. 문제는 항상 작은 그릇에서 생긴다.

우리 동네에 아재개그를 잘하는 형님뻘 되는 이웃이 있다. 잔디에 뿌리기 위해 농약을 물과 섞고 있을 때 그가 와서 농담을 걸어왔다.

"약이 효과가 있는지 없는지 마셔봐야 알지 그냥 알 수 있나?"

나도 농담으로 받아쳤다.

"찬물에도 순서가 있는데 형님부터 먼저 드셔야지요."

그는 아무 말도 못하고 있다가 집으로 갔다.

무조건 잘해주지 마라

전혀 화를 내지 않는 사람은 인간미가 느껴지지 않는다.

분노는 인간의 자연스러운 감정이다.

참새들이 노는 밀밭의 허수아비가 되어서는 안 된다.

때로 화를 내기도 하고, 때로 부드럽게 하여

감정을 지닌 인간임을 보여주어라.

한결같이 부드럽게 대해야 할 대상은 어린아이와 바보 뿐이다.

그 이외의 사람에게 무조건 잘해주기만 하면

오히려 진부한 느낌을 준다.

화는 필요할 때 잘 쓰면 약이고 못 쓰면 독이다. 화를 내는 것이 나쁜 게 아니고 좋지 않은 방법으로 화를 내는 것이 나쁘다. 수영을 할 때는 어디까지 자신이 감당할 수 있는지를 확인하고 물에 뛰어들어야 하고, 화를 낼 때는 자신이 어느 선에서 그칠 것인지를 알아야 한다.

화가 나면 자신의 호흡을 느껴보라. 숨이 거칠어지면 주의해야 할 때다. 호흡을 더 가다듬어라. 감정의 쓰나미가 몰려올 때는 어떤 말도 하지 마라. 화를 풀기 위해 한 말이 더 큰 화를 불러오기도 한다.

애매한 태도도 필요하다

일에 있어서 때로 태도를 애매하게 하라.

상대에게 손바닥을 다 내보이는 것은

경솔할 뿐만 아니라 품위를 잃는 일이다.

이쪽의 의도를 다 보이지 말고 여운을 남겨

상대가 기다리게 하라.

이는 마음속 깊이 있는 사적인 속내를

모조리 밝히지 않는 것과 같다.

침묵할 때를 알라.

너무 빨리 목적을 밝혀버리면 비난의 화살을 피할 수 없다.

기다리게 함으로써 주변의 시선이 내게로 모이게 하라.

그러는 동안 상대를 움직일 수 있다.

어디로 튈지 아는 사냥감은 쉽게 잡힌다. 포커페이스가 제일 상대하기 어렵다. 유능한 협상가는 속마음을 보여주지 않는다. 집 안에 들어온 쥐가 두려운 것은 어디로 가서 무슨 짓을 할지 모르기 때문이다. 자신의 속마음을 다 보여주지 말라. 더 이상 보여줄 것이 없으면 실망한다. 항상 새로운 매력을 조금씩 보여야 오랫동안 사람들이 머문다.

짧게 말하라

이야기를 할 때는 듣기 편하고 이해하기 쉽게 해야 한다.

생각을 머릿속에 품는 것은 간단하다.

그러나 이를 말로 풀어내는 것은 어렵다.

훈련을 하지 않으면 사고력과 판단력이 생기지 않는다.

말을 많이 하는 것에 비해

알맹이가 부실한 사람이 있는가 하면,

간결한 말 속에 요점을 쉽게 전달하는 사람도 있다.

당연히 후자에 더 귀를 기울인다.

누구나 쉽게 이해할 수 있기 때문이다.

반면, 특별하게 보이고 싶은 마음에

잘 알지도 못하는 말을 늘어놓는 사람은

그리 높은 평가를 받지 못한다.

본인도 잘 모르는데

듣는 이가 알아들었을 리 만무하지 않은가.

시험시간에 끝까지 문제지를 들고 있는 아이들은 대체로 성적이 좋지 않다. 말도 그렇다. 말은 짧을수록 좋다. 내가 말을 길게 할수록 상대의 말할 기회가 줄어든다. 그것은 상대에 대한 배려가 아니다. 상대가 관심이 없는 화제를 꺼내지 말고, 같은 이야기를 반복하지 말라. 자신의 말끝마다 이유를 대는 사람이 있다. 상대가 묻기 전에 이유를 설명하는 것은 지나친 친절이다. 내용이 없을수록 말이 길어진다. 부족한 질을 양으로 보완하려는 심리다. 말을 할 때 미주알고주알 다 전달하려고 하지 말라. 7할만 전달하면 나머지는 상대의 몫이다. 무리하게 다 전달하려다가 7할마저 놓치게 된다.

약간의 결핍

모든 것을 다 이룬 것은 불행하다.

원하는 것이 없으면 정신은 활력을 잃고,

모든 것을 소유하면 영혼은 잿더미로 변한다.

정신이 건강하기 위해서는

열정과 호기심이 항상 충만해야 한다.

지나치게 만족스러운 상황은 오히려 치명적이다.

바라는 것이 아무 것도 없으면 근심의 씨앗이 싹트고,

욕망이 사라진 자리에는 그림자만이 남는다.

원하는 것을 다 이루어도 불행하고, 이루지 못해도 불행하다. 적당히 배가 고픈 상태에서 최고의 컨디션을 발휘할 수 있는 것처럼 정신도 약간의 결핍이 있어야 큰 힘을 발휘할 수 있다.

예전부터 동서양을 막론하고 지나치게 만족스러운 것을 경계하였다. 동양에서는 '소년급제'를 '중년상처'와 '노년빈곤'과 함께 남자인생의 3대 불행으로 넣었다.

서양에서도 마찬가지다. 스티브 잡스는 2005년 스탠포드 졸업식 연설에서 "Stay hungry. Stay foolish."라고 말하며 결핍의 필요성을 강조했다. 배고픔 뒤에 먹는 음식이 더 맛있고 오랜 고통과 기다림 뒤에 오는 행복이 더 짜릿하다.

질투심

대부분의 사람들은 당신의 탁월한 행운, 성격, 품격 등에
신경 쓰지 않는다. 하지만 당신의 지능이 탁월하다면,
특히 윗사람일수록 그 점을 용납하지 않을 것이다.
지능은 인간을 나타내는 가장 큰 속성이며,
그 부분을 건드리는 것은 매우 큰 무례로 받아들인다.
지도자들은 누구나 중요한 순간에
가장 뛰어난 사람이 되기를 원한다.
그래서 군주는 다른 사람이 자신을 보좌하는 것은
용납하지만 자신을 능가하는 것은 결코 용납하지 않는다.
그러므로 충고할 때는 분별력이 없는 군주를 위해
설명해주는 것이 아니라 잊고 있던 것을 상기시킨다는
느낌을 받도록 해야 한다.
태양과 별들의 관계를 보면 쉽게 이해가 될 것이다.
별들은 모두 저마다 밝은 빛을 내지만
태양의 빛을 가리지는 않는다.

만일 자신의 탁월함을 세상 사람들에게 보여주어, 그들의 호감을 얻는 것이라고 생각한다면 큰 착각이다. 대개 다른 사람의 재능에 겉으로는 칭찬을 하는 것 같지만 속으로는 시기와 질투심에 사로잡힌다. 특히 친구나 경쟁관계에 있는 사람들의 재능을 보는 것은 배가 아프다. 자신의 뛰어난 재능이란, 과시하는 순간 공격의 표적이 된다는 사실을 잊어서는 안 된다. 당신에게 알 수 없는 이유로 쌀쌀하게 구는 사람이 있다면 그런 이유일 가능성이 크다.

사람을 사귀는 일

당신에게 무엇인가 가르쳐줄 수 있는 사람들과 사귀어라.

친구들과의 교제를 통해서 당신의 지식수준을 높이고,

대화를 통해서 교양을 증가시켜라.

그렇게 하면 당신은 친구들을 스승으로 삼을 뿐만 아니라,

대화를 즐기는 동시에 지식도 늘리는 효과를 얻을 수 있다.

현명한 사람들은 즐거운 분위기로 대화를 즐긴다.

이렇게 하면 상대에게 대화의 기술이 뛰어나다는

인상을 주어 박수를 받을 뿐만 아니라,

다른 사람의 말을 듣고 새로운 것을 배우게 된다.

중국 명나라 때의 사상가인 이탁오는 "친구가 될 수 없다면 진정한 스승이 아니고 스승이 될 수 없다면 진정한 친구가 아니다"라고 했다. 배울 만한 친구를 만드는 비결은 자신이 먼저 그런 친구가 되는 것이다. 좋은 친구는 상대에게 가르친다는 느낌을 주지 않는다. 친구 사이에 충고나 비난은 금물이다. 말을 할 때는 상대가 들을 준비가 되어 있는지를 살펴보고, 가르침을 줄 때는 상대가 받아들일 그릇이 된 사람인지를 보라.

늘 착한 사람

비둘기처럼 착하기만 해서는 안 된다.

때로는 비둘기처럼 정직하게,

때로는 뱀처럼 교활하게 행동하라.

정직한 사람을 속이기는 누워서 떡 먹기처럼

아주 쉬운 일이다.

거짓말을 전혀 안 하는 사람은 남을 쉽게 믿고,

속임수를 안 쓰는 사람은 남에 대한 신뢰가 강한 법이다.

어리석어서 속기도 하지만, 너무 착해서 속기도 한다.

늘 착하기만 해서는 안 된다. 장미는 가시를 가지고 있다. 정직은 좋은 것이지만 때에 따라 필요한 거짓말을 할 수도 있는 사람이 더 빛난다. 뱀의 지혜와 비둘기의 순진함을 잘 조화시키도록 하라. 순진함 없는 지혜는 교활한 사람으로 보이고, 지혜 없는 순진함은 바보 취급 당한다.

나의 강점 찾기

당신의 가장 좋은 점을 알아내라.

당신의 가장 우수한 재능을 알아내서 발전시켜라.

그러면 그것이 나머지 모든 재능을 뒷받침해줄 것이다.

당신의 가장 우수한 점을 알고 있다면,

어느 한 분야에서는 남들보다 뛰어날 수 있다.

당신의 어떤 재능이 남보다 탁월한지 알아내서

집중적으로 발전시켜라. 어떤 사람은 판단력이,

또 어떤 사람은 용기가 남보다 뛰어나다.

그러나 대부분의 사람들은 자신의 선천적인 적성을

전혀 돌보지 않는다. 그래서 어느 한 분야에서도

우수성을 발휘하지 못하고 만다.

자신의 강점을 아는 것이 단점을 알기보다 어렵다. 단점은 아스팔트 위의 돌처럼 쉽게 드러나지만 강점은 숲 속의 노루처럼 숨어 있기 때문이다. 공작을 보면서 날지 못한다고 불평하지 않고, 농구 황제 마이클 조던이 축구를 못한다고 비난하지 않는다. 치명적인 결점은 반드시 고쳐야 하지만 사소한 결점은 문제가 아니다. 그보다 내세울 만한 강점이 없는 것이 문제다.

나의 강점은 꾸준함과 집중력이다. 하나를 시작하면 오래한다. 대신 함부로 시작하지 않는다. 쉬운 것을 오래하는 것이 어렵다. 운동도 하나를 시작하면 기본이 5년이고 길면 10년 이상 한다. 책을 읽거나 글을 쓸 때는 집중한다. 검도를 오래하면서 몸에 배인 것일까.

과대평가하지 마라

다른 사람들을 과대평가하지 말라.

특히 그들을 지나치게 높이 평가해서

두려워하는 경우가 있어서는 안 된다.

지레 겁을 먹고 용기가 위축되어서는 안 된다.

많은 사람들이 겉으로는 대단하게 보이지만,

실제로 만나 보면 그렇지도 않다는 것을 깨닫게 된다.

그리고 같이 어울려 지내다 보면

존경보다는 실망이 더 커지는 법이다.

그것은 아무도 인간의 좁은 한계를

벗어나지 못하기 때문이다.

사람이란 누구나 인격이나 재능에

나름대로 결함이 있는 것이다.

우리는 사람을 평가할 때 양극단으로 치우친다. 둘 다 부작용이 크다. 과대평가는 실망이, 과소평가는 보복이 찾아온다. 사람을 평가할 때 그의 지위, 재산, 지식, 배경 등을 보지만 이런 것들은 그를 진정으로 평가할 수 있는 것들이 아니다.

아무리 높은 사람도 자리를 지나치게 의식하지 말라. 산은 가까이 할수록 높아 보이고, 사람은 가까이 할수록 낮아 보이는 법이다. 그를 잘 알고 싶으면 그의 말과 행동을 보아야 한다. 그가 어떤 말을 어떻게 하는지 보라. 생각을 알 수 있을 것이다. 그가 타인에게 얼마나 친절하고, 따뜻하게 행동하는지 보라. 인품을 알 수 있을 것이다.

인간관계의 기술

어떠한 인간관계든 아주 끊어버리지 말라.

그렇게 하면 우리의 좋은 평판이 항상 피해를 입는다.

사람은 누구나 친구로서는 별로 중요하지 않다 해도,

적으로서는 만만치 않은 상대가 될 수 있다.

우리에게 이익을 주는 사람은 거의 없지만,

대부분의 사람들이 우리를 해칠 수는 있다.

심지어 제우스신의 품에서 보호를 받던 독수리마저도

딱정벌레와 다툰 날부터는

단 하루도 안심하고 쉴 수가 없었던 것이다.

한때 친하던 사람이 어떤 이유로 소원해지면 120킬
로로 달리다가 40킬로로 달리는 기분이 들어 차라
리 관계를 끊어버리고 싶은 생각이 들 때가 있다. 그렇더라도
끊지 않는 것이 낫다.

열 명의 친구를 만드는 것보다 한 명의 적을 만들지 않는 것이
낫고, 소원한 관계는 완전히 끊는 것보다 거리로 조절하는 것
이 낫다. 친구로서 도와주는 데에는 한계가 있지만 적으로서
해칠 수 있는 데는 끝이 없다.

내 마음을 따르는 일

마음이 움직이는 대로 행동하라.

나아가 마음이 강력하게 지시하는 대로 따르라.

반면에 마음에 내키지 않는 일은 절대로 하지 마라.

우리의 마음은 가장 중요한 것을 정확하게 예측하는

절대적인 신탁이다.

많은 사람이 스스로를 믿지 못하는 두려움 때문에

파멸의 길을 걷는다.

이들은 두려움에서 벗어날 방법을 알지 못하고,

어떤 노력도 하지 않는다. 마음의 신탁을 무시하기 때문이다.

마음이 옳다고 판단되면 그 길을 가라. 마음은 답을 알고 있고 그 답을 내기까지 오랫동안 준비해왔다. 신의 음성은 우주에 울려나오는 소리가 아니라, 자신의 내면에서 나오는 소리다. 내 안에서 들리는 신의 소리를 무시하고 멀리 있는 사람의 소리를 따르는 것은 결코 지혜로운 태도가 아니다. 큰 인물들은 자신의 직관을 믿고 따라간 사람이며 자신의 직관이 틀리지 않았다는 것을 자신의 노력으로 증명한 사람들이다.

진정한 현인

생각은 극소수의 사람들과 똑같이 하고,

말은 대다수의 사람들과 똑같이 하라.

현명한 사람은 다른 사람들과 의견 충돌을 일으키지도 않고,

다른 사람들이 자기와 의견 충돌을 일으키게 하지도 않는다.

현명한 사람은 나름대로 판단이 서 있지만

그것을 남들에게 드러내지는 않는다.

"세계적으로 생각하고 지역적으로 행동하라.
(Think globally, act locally.)"

프랑스의 법 역사학과 교수이자 신학자인 자크 엘륄의 말이다. 어려운 책을 읽되 말은 쉽게 하고, 신중하게 생각하되 행동은 단순하게 하는 사람이 인간적이면서 신뢰가 간다.

양 극단은 피해야 할 것들이 아니라 아름답게 조화를 이루어야 한다. 생각과 행동, 둘 다 단순하면 거칠게 보여 위험하고, 둘 다 복잡하면 행동이 없어 답답하게 보인다. 생각은 복잡하게 하고 행동은 단순하게 하는 사람이 아름답게 보인다. 자신의 철학과 삶의 지혜가 있지만 겉으로 드러나지 않는 사람이 진정한 현인이다.

남을 돕는 마음

남을 돕는 데서 만족감을 느끼는 것은 좋지만
도리어 그 때문에 괴로움과 고민의 씨앗을
자신이 품게 되는 상황을 만들지는 마라.
무엇인가 문제가 있을 때 조언해주는 것으로만 그쳐라.
자기 자신의 행복을 희생해가며 남을 도울 필요는 없다.

젊은 시절 한때 동정심을 사랑으로 착각한 적이 있었다. 상대의 부탁을 거절하고 나서 하루 종일 마음이 무거울 때도 있었다. 이런 것을 극복하는데 많은 시간이 걸렸다.

남을 돕는 것은 좋은 일이지만 자신이 할 수 있는 범위 내에서 하고, 남의 슬픔에 동참하더라도 너무 슬픔에 젖어서는 안 된다. 바라지 않는 조언은 할 필요가 없다. 힘든 사람에게 할 수 있는 가장 좋은 것은 스스로 일어설 수 있게 하는 것이다.

당신의 약점을 살짝 보여주어라

때로는 약점을 드러내 보이는 것이 좋을 때가 있다.
빈틈없는 사람에겐 질투심이라는 후환이 돌아올 수가 있다.
흠잡을 데 없는 사람을 에둘러 욕하는 것이
많은 이들의 본심이다.
지성이나 성격 면에서 완전무결했던 습관을
살짝 풀어놓아라. 다만 분별력은 유지하라.
그로써 상대의 질투를 누그러뜨리고
그 폐해가 내게 돌아오는 것을 막을 수 있다.
질투에 미쳐 날뛰는 상대에게 이쪽의 약점을
살짝 내보임으로써 명성을 오래 유지할 수 있다.

질투심은 자신이 상대의 위치에 올라갈 수 없어 상대를 끌어내리려는 심리다. 그것을 나무랄 수도 없앨 수도 없다. 자신의 존재를 돋보이게 하려고 상대의 질투심에 불을 붙여서는 안 된다. 한 번 붙은 질투심은 쉽게 꺼지지 않는다.

완벽한 사람이 필요할 때가 있지만 인간적으로 끌리지는 않는다. 자신의 비범함을 평범함으로 감추는 것이 낫다. 분별 있는 사람은 탁월한 능력이 있더라도 다 보여주지 않고, 때로는 의도적으로 자신의 허점을 보여주기도 한다. 정말로 탁월한 것은 애써 과장하지 않고 스스로 모습이 드러나게 한다.

관계를 부드럽게 하려면 돈, 자식, 마누라(혹은 남편) 자랑만 하지 않아도 된다. 이 세 가지는 누구나 자유롭지 못하기 때문이다.

아름다운 삶

아름답고 풍요로운 삶을 위해서,

인생 1막에는 죽은 사람들과의 대화를 즐겨라.

고전에 힘입어 우리는 더 깊이 있고 참다운 인간이 된다.

인생 2막에는 살아 있는 사람들과 어울리면서

세상의 좋은 것을 즐겨라.

모든 것을 다 가진 사람은 없다.

조물주는 우리 모두에게 천부의 재능을 골고루

나누어주었고, 때로는 가장 탁월한 재능을

가장 평범한 사람에게 주었다.

그들에게서 다양한 지식을 얻어라.

인생 3막에는 오로지 자기 자신만을 위해서 보내라.

마지막 순간에 행복한 철학자가 되는 것만큼

좋은 마무리는 없다.

사람은 자신의 그릇대로 산다. 인생 1막에는 자신의 그릇을 키우는 단계다. 이때는 부지런히 배우고 익혀 자신의 그릇을 키워야 할 때다. 인생 2막에는 자신의 그릇에 세상의 좋은 것을 담아야 할 때다. 자신이 먼저 즐기고 타인에게 나누어줄 수 있어야 한다. 인생 3막에는 영적인 충만을 위해 노력해야 할 때다. 그릇은 언제 깨어질지 모르고 깨어지면 다시 왔던 곳으로 가볍게 떠날 수 있도록 해야 한다.

옳은 일에 집착하지 마라

옳은 것에 집착하지 마라.

옳은 일만을 추구하다 보면

사람들에게 따돌림 당하기 쉽다.

지나치게 맑은 물에는 고기가 살 수 없는 법이다.

옳은 일을 하는 것은 지혜로운 사람의 특권이지만

옳은 일을 행함으로써 생기는 다른 사람의 비난에도

항상 주의를 기울여야 한다.

잘잘못을 가리는 것은 중요한 일이다.

그런 옳고 그름을 기준으로 주변 사람들을

과도하게 몰아세우는 것은 스스로를 위해서도

결코 득이 되지 않는다.

선악의 기준이 모호할 때가 많다. 학창시절에 읽은 책의 내용이다. 개를 사육하여 그 돈으로 고아 수십 명을 키우고 공부시키는 사람이 있었다. 목적은 좋으나 수단이 문제였다. 개가 짖지도 못하고 많이 움직이지도 못하도록 앞발 하나를 자르고 고막을 뚫는 것이었다. 그의 행동을 두고 열띤 논쟁을 하던 장면이 생각난다. 결론은 없었다. 선과 악의 구분이 쉽게 되는 것이 아니기 때문이다.

흑과 백 사이에 회색이 너무 많은 세상에서 시시비비를 따지기보다는 적당히 넘어가는 것이 더 나을 때가 있다.

PART 07

●

오쇼 라즈니쉬

Osho Rajneesh, 1931~1990

인도의 신비가, 구루 및 철학자이다.

어린 시절 반항적이고 독립적인 정신의 소유자였으며, 남들로부터 주어지는 지식이나 신념에 기대기보다는 스스로 진리를 체험하고자 했다. 21세에 깨달음을 얻은 오쇼는 사가르대학을 수석으로 졸업한 뒤 자발푸르대학에서 9년간 철학교수로 지냈으며, 그 사이 인도 전역을 돌아다니며 강연을 하고 기성 종교 지도자들을 공개적으로 비난했으며, 전통적인 신념에 의문을 던지면서 수많은 사람을 만났다.

그는 현대인들은 과거의 낡은 전통과 현대생활의 온갖 욕망에 짓눌려 있기 때문에 깊은 정화과정을 통해 무념의 이완상태에 이르러야 한다고 말했다. 그가 전 세계에서 온 제자들과 구도자들에게 강의한 내용은 30개가 넘는 언어를 통해 600권이 넘는 책으로 발간되었다.

저서로는 《배꼽》《깨달음으로 가는 일곱 단계》《달마》 등이 있다.

행복을 선택하라

행복을 선택하라. 그러면 행복해질 것이다.

행복을 선택하라. 그리고 나서 무슨 일이 일어나는지 보라.

황홀경을 선택하고 축복을 선택하라.

그리고 나서 무슨 일이 일어나는지 보라.

인생 전체가 즉각 바뀌면서

그대 주변에 기적이 일어날 것이다.

지금 그대가 결과를 창조했으므로

앞으로는 원인이 뒤따를 것이기 때문이다.

삶은 선택이다. 선택할 수 없는 것은 운명이다. 행복을 선택하라. 그러나 너무 세게 잡지 마라. 기쁨을 선택하라. 그러나 슬픔도 피하지 마라. 평화를 선택하라. 가끔 몰아치는 폭풍에도 대비하라.

숨을 들이쉬면서 내 몸 안에 우주의 충만한 기운이 가득함을 느끼고, 숨을 내쉬면서 내 안의 탁한 기운이 빠져나가는 것을 느껴보라. 행복도 숨 쉬듯이 그렇게 느껴보라. 행복은 잡는 것이 아니라 느끼는 것이다.

나에게 옳은 것

그대에게 옳은 것이

다른 사람에게는 옳지 않은 것일 수 있다.

그대에게 쉬운 것이 다른 사람에게는 쉽지 않을 수 있다.

그 사람은 다른 것을 쉽다고 할지 모른다.

절대적인 규칙이란 없다.

모든 개개인이 그 자신을 기준으로 선택해야 한다.

그대 자신에게 쉬운 것이 무엇인가?

세상의 말에 귀 기울이지 말라.

그들은 자신들의 규칙을 그대에게 강요하는 사람들이다.

삶을 이해한 자라면 결코

그대에게 어떤 것을 강요하지 않는다.

오히려 그는 그대가 쉬워지도록, 그래서

그대가 자신에게 옳은 것을 발견하도록 도울 것이다.

자신의 삶의 방식을 타인에게 강요하지 말고 타인의 시선을 의식하지도 말라. 각자에게 어울리는 방식이 있다. 자신도 언제 어떻게 바뀔지 모른다. 절대적으로 옳은 것은 없다. 그들도 타인을 의식하느라 자신의 삶을 살지 못하고 있다. 서로가 눈치를 보며 살아가다 보니 아무도 편안하지 못하다.

삶의 배열

삶은 공평하지도 않고 불공평하지도 않다.

삶은 그대가 좋아하는 배열에 대해선 전적으로 무관심하다.

삶은 그대가 정해놓은 순서에 대해 신경 쓰지 않는다.

삶은 하나의 선물이다.

그대가 배열을 바꾼다 해도, 전체는 바뀌지 않는다.

부자는 좋은 음식을 먹으며, 배고픔이 뭔지 잊어버렸다.

그는 배고픔 끝에 맛보는 음식의 진정한 맛을 모른다.

비율은 언제나 같다.

그는 멋진 침대를 가졌다.

하지만 그 침대와 더불어 불면증이 왔다.

삶은 짧게 보면 불공평하고 길게 보면 공평하다. 미인은 박명이고 천재는 요절한다. 뛰어야 할 때 걷는 자는 나중에 두 배로 뛰어야 한다. 우리는 멋진 차를 손에 넣었지만 튼튼한 다리를 잃어버렸다. 휴대폰으로 수많은 정보를 얻고 있지만 내면의 깊이를 잃어버렸다. 무엇을 얻으려고 하는 자는 다른 무엇을 잃을 각오를 해야 한다. 다 얻으려고 하다가 다 잃는다.

강한 사람

그대가 약할수록 더 많이 화를 낸다.

강할수록 화내지 않는다.

그대가 절대적으로 강할 때

그곳에 더 이상 화는 존재하지 않는다.

이것을 기억하라. 약할수록 그대는 더 탐욕스럽다.

약한 사람은 자신을 보호하기 위해

탐욕스러울 수밖에 없다.

그대가 강할수록 탐욕이 사라진다.

강한 사람은 좀처럼 싸우지 않는다. 싸움은 내면의 두려움을 감추고 상대를 제압하여 자신이 강하다는 것을 증명하기 위한 것인데 강한 사람은 굳이 그렇게 할 필요가 없는 것이다. 진실한 사람은 굳이 자신이 그런 사람임을 드러내지 않는다. 가짜일수록 온갖 증명서로 진실인 것처럼 꾸민다. 사랑이 진실하지 않을 때 그것을 증명하려고 온갖 선물 공세를 편다.

성장하는 길

성장하는 유일한 길은
좋고 나쁘고, 즐겁고 슬픈 모든 것을 받아들이는 것이다.
그대에게 일어나는 모든 것, 그것에 대해
그대는 책임이 있다.
그것이 그대에게 커다란 자유를 준다.

좋고 나쁜 것은 우리의 인식 속에 있는 것이지 사실은 아니다. 한때 좋았던 것이 나쁜 것이 될 수도, 한때 나빴던 것이 좋은 것이 될 수도 있다. 가리지 않고 다 받아들여 바다는 넓어졌고 골짜기는 깊어졌다.

나에게 일어나는 일은 일어날 수밖에 없는 이유가 있다. 운명이라면 어쩔 수 없이 받아들여야 하고 아니라면 내 책임이다. 상대의 잘못이 있다 하더라도 미리 막지 못한 나의 책임이다. 문제가 일어났을 때 괴로운 것은 내 책임으로 돌릴 때가 아니라 상대의 책임으로 돌렸는데 받아들여지지 않을 때이다.

삶은 무엇인가

삶은 감옥이 아니다.

삶은 죄에 대한 심판도 아니다.

삶은 존재계가 우리에게 준 선물이다.

삶을 즐기지 않는 것이야말로 큰 죄악이다.

우리는 누구나 아름다운 삶을 살 권리가 있다.

삶은 힘든 행군이 아니라 즐거운 소풍이다. 어제의 기쁨이 오늘의 행복을 보장하지도 않고, 내일의 문제가 오늘의 기쁨을 막아서도 안 된다. 오늘은 오늘의 기쁨을 만들고 즐겨야 한다.

오늘 풀어야 할 문제가 있고, 오늘 즐겨야 할 기쁨이 있다. 문제가 기쁨을 막게 해서는 안 된다. 아이들은 이것을 잘한다. 어른은 왜 못하는가.

사랑과 미움

그대가 누군가를 사랑한다면
어느 순간 그를 미워할 수도 있다.
그렇다고 사랑이 파괴되는 것은 아니다.
오히려 사랑을 더 풍요롭게 만들기도 한다.
미움은 사랑을 파괴하지 않으며
단지 그 진부함만을 파괴할 뿐이다.

꽃과 가시가 한 가지에서 나오는 장미처럼 사랑과 미움은 하나의 뿌리에서 나온다. 좋아하는 것을 얻으려면 그와 함께 있는 것까지 받아들여야 한다.

사랑해서는 안 될 사람이 갑자기 그리워질 때가 있다. 때로는 갑자기 사랑하는 사람이 미워질 때가 있다. 목소리도 듣기 싫을 때가 있다. 나에게 문제가 있는 것은 아니다. 다 지나가는 감정이다. 장미를 사랑한다면 가시도 사랑해야 하고, 별을 좋아한다면 어둠도 좋아해야 한다.

지나친 거부

어떤 것을 지나치게 거부하면
그대의 마음속에 그것이 중요한 위치를 차지하게 된다.
지나친 거부 자체가 그것을 중요하게 만들고
그대는 그것에 대한 강박관념에 시달리게 된다.

지나친 부정은 부정이 아니다. 오히려 그것을 끌어들인다. 술을 끊었다면 술자리를 피해야 할 이유가 없다. 담배를 정말 끊었다면 눈앞에 담배가 있어도 문제가 될 것이 없다. 연꽃은 진흙 속에서도 흙을 묻히지 않고 오리는 연못 속에서도 물에 젖지 않는다.

사춘기 때 책상 앞에 마음을 다스리는 문구를 써 붙였다.

"여자 보기를 독사같이 하라."

어느 날 그것을 본 아버지가 이유를 물어 대답했다.

"공부를 열심히 하기 위해서 그랬습니다."

공부가 더 안 됐다.

'독사'라는 말은 보이지 않고 '여자'라는 말만 보였다.

보름 정도 지나 붙인 것을 떼고 나니 여자가 보이지 않고 책이 보였다.

규칙에 집착하지 마라

진정한 이해에 도달한 자는 규칙에 집착하지 않는다.

오직 죽은 자만이 규칙을 고수할 뿐이다.

어떤 규칙도 그대의 것이 아니다.

그대가 바로 그대 자신의 규칙이다.

그대 자신의 규칙을 발견하기 위해

타인으로부터 배우고 이해하라.

그러나 기억하라.

결코 그 규칙을 남에게 강요하지 말라.

그것은 폭력이다.

바둑이나 골프에 정석이 있다. 처음에는 정석을 배워야 한다. 하지만 어느 수준에 올라가면 정석을 고집하지 않아도 될 때가 온다. 하산할 때가 된 것이다. 그때는 규칙에 매이지 않아도 자신의 묘수가 자연스럽게 나온다.

나의 일상의 규칙이 몇 가지 있다. 새벽기상, 독서, 운동이다. 어떤 일이 있어도 지킨다. 아이들도 나처럼 그렇게 하기를 바랐지만 되지 않았다. 그 때문에 관계가 멀어지기도 했다. 그것이 아이들에게 주는 선물이고 사랑이라 생각했는데 아이들에게는 폭력이고 강요였던 것이다.

가족에게는 합리적인 잣대를 들이대는 것이 아니다. 나의 규칙을 다른 사람에게 강요하는 것이 사랑이 아니라 폭력이라는 것을 나중에 알았다.

나방과 나비

그대의 재능을 드러내 보이는 것은

상대방이 그대만큼 뛰어나지 못하다는 것을 보이는 셈이다.

상대방은 기분이 상한다.

그대의 특출함을 과시한다면,

그대가 어떤 특별한 존재임을 이야기한다면,

어떤 방식으로든 그대의 재능을 증명하려 한다면,

모두가 감정이 상할 것이다.

그때 그들은 그대를 용서할 수 없다.

그들은 언젠가 복수를 할 것이다.

모든 특별한 사람에게 대중은 반드시 앙갚음을 한다.

특별한 것은 선망의 대상이 되기도 하지만 질투의 대상이 되기도 한다. 대중은 멀리 있는 스타에게는 흥분하지만 아는 사람이 자신보다 앞서면 못 봐준다. 나방은 나비를 싫어한다. 비슷하면서도 차이가 나기 때문이다. 자신은 위험한 불로 뛰어들어야 하는 운명인데 상대는 꽃을 즐기기 때문에 못 봐주는 것이다.

첫 번째 책이 나왔을 때 많은 친구들이 축하해 주었다. 그러나 두 번째는 달랐다. 책 소식을 올린 동기회 홈피의 조회수는 많이 올라가는데 댓글이 하나도 없었다. 질투심인가 했다. 인간관계의 저자가 인간관계에 대해 깊은 고민을 했다.

평범과 비범

평범하라. 소박한 삶을 살라. 쉬운 것이 옳은 것이다.
평범한 것이 옳은 것이다. 평범하면 쉬워지기 때문이다.
비범하고자 원한다면, 자기를 돋보이고자 원한다면,
그대는 불편하고 긴장된 삶을 살 것이다.
언제나 뭔가를 증명해야 하기 때문이다.
남을 확신시켜야 하기 때문이다.

 힘이 약한 사람일수록 어깨에 힘을 주고, 아는 것이
없는 사람일수록 어려운 말을 쓴다.

자신의 비범함을 증명해야 하는 사람은 비범한 사람이 아니
다. 내용이 부실할수록 포장이 화려하다. 당신이 비범하더라
도 평범하게 행동하라. 비범함은 평범한 것으로 포장되었을
때 더욱 빛난다.

명품으로 과시해야 한다면 당신은 명품이 아니다. 유식함을
증명해야 한다면 진정으로 아는 것이 아니다. 주머니 속의 송
곳은 가만히 있어도 드러나지만 억지로 드러내려다가 자신이
찔릴 수도 있다.

질투

보통 사람들은 행복한 사람을 보면

질투를 느끼고 미묘한 경쟁을 시작한다.

행복한 사람 앞에서는 열등감을 느끼기 때문이다.

불행한 사람과 있으면 마음이 편하다.

불행한 사람 앞에서는 우월감을 느끼기 때문이다.

자신보다 우월한 사람은 꺼리고

자신보다 떨어지는 사람을 찾는다.

그러나 열등한 사람을 만나면 만날수록 그대는 더욱 열등해진다.

이제 더 열등한 사람을 찾아야 한다.

 상대가 나보다 잘나고 행복하면 질투심이 생긴다.
겉으로 웃으면서 태연한 척 할 뿐이다.

모든 사람은 이기적이다. 가끔 이타적으로 행동하지만 그것
은 자신의 이기심을 충족시키기 위한 것일지도 모른다. 나보
다 잘난 사람을 인정하지 않는 것은 이기적인 소산이다. 인정
하지 않으니 배가 아픈 것이다. 나보다 잘난 사람을 만나면 배
가 아프지만 그런 사람을 친구로 삼으라. 당신도 그 사람을 닮
아간다.

내 마음과 나

그대는 마음이 아니다.

마음이 그대 자신을 사칭하고 있다.

그대가 마음 밖에 존재할 때 그대는 마음의 주인이 된다.

마음이 주인 노릇을 한다면

이보다 더 최악의 주인은 없지만

마음이 하인 노릇을 하게 되면

이보다 더 훌륭한 하인도 없다.

깨달은 사람은 마음 밖에 서서 완벽하게 마음을 조종한다.

물위에 비친 달이 흔들리는 것은 달이 아니고 물이듯이 내 속의 마음이 흔들리는 것은 내가 아니고 마음이다. 내 마음은 내가 가지고 있는 칼이다. 내가 스스로 찌르지 않으면 칼이 나를 찌르지 않는다.

마음은 잘 부리면 춤을 추지만 잘못 다루면 독이 있는 코브라와 같다. 내 안에서 변화무쌍한 조화를 부리는 마음은 내가 아니라 내 것이다. 집에 불이 붙으면 주인이 꺼야 하듯이 내 마음의 불을 꺼야 하는 사람도 마음의 주인인 바로 '나'다.

영적 성장을 추구하라

삶은 오직 영적으로 성장했을 때만 열릴 수 있다.
그러나 사람들은 유치하게, 미숙한 채로 살다가 죽는다.
결코 진실로 성장하지 않으며, 결코 성숙함에 이르지 못한다.

나이를 먹는다고 성장하는 것은 아니다. 우리의 의
식은 특별히 노력하지 않으면 12세 근처에서 성장
을 멈춘다. 어른의 모습이지만 아이의 수준으로 살다가 후회
하며 죽는 것이 보통 사람들의 삶이다.

삶의 궁극적인 목표는 영적 성장이다. 삶을 빛나게 하는 것은
지성이지만 삶을 깊게 하는 것은 영성이다. 영적 성장을 위해
독서, 여행, 취미활동, 기도, 명상, 글쓰기 등 자신이 할 수 있
는 것을 지속적으로 하라. 나는 독서와 명상을 통해 영적 성장
을 추구한다. 육체는 영혼을 담는 그릇이니 운동을 게을리할
수 없다.

삶은 축복으로 가득한데

어디에서나 환희의, 축복의 비가 내리고 있는데

어떻게 해서 그대는 그토록 불행하고 목마르게 되었는가?

그것은 실로 기적에 가까운 일이다.

그대는 정말 불가능한 일을 해왔다.

빛은 어디에나 있는데, 그대는 어둠 속에 살고 있다.

죽음은 어디에도 없는데 그대는 계속 죽어가고 있다.

삶은 축복인데, 그대는 지옥에 있다.

그대는 어떻게 그렇게 해왔는가?

분리를 통해, 생각을 통해 그렇게 해왔다.

그릇을 엎어놓으면 어떤 것도 담을 수 없고, 마음을 닫으면 눈을 뜨고 있어도 볼 수 없다.
박쥐는 빛으로 가득한 넓은 세상을 두고 어둡고 습기 찬 동굴에서 무리를 지어 산다. 박쥐처럼 거꾸로 매달려 있으면 세상을 바로 볼 수 없다. 삶은 축복으로 가득한데 마음이 지옥에 있다면 동굴을 벗어나지 못하는 박쥐와 같다.

꿈속에 있는 자

미친 자는 자신이 미쳤다는 사실을 기억할 수 없다.

무지한 자는 자신이 무지하다는 사실을 알 수 없다.

꿈속에 있는 자는 자신이 꿈속에 있음을 눈치챌 수 없다.

만일 꿈속에서 정신을 차린다면,

자신이 지금 꿈을 꾸고 있다는 사실을 안다면,

그 꿈은 멈춰지고, 그대는 잠에서 깨어날 것이다.

산속에 있으면 산을 모르고 물속에 있으면 물을 모른다. 꿈속에 있을 때는 꿈인 줄 모르고 삶 속에 있을 때는 삶을 모른다. 사랑도 그렇고 삶도 그렇다. 헤어지고 나서야 그것이 사랑인 줄 알고, 삶이 끝날 무렵이 되어서야 인생인 줄 안다. 자는 사람은 자는 줄 모르고 어리석은 사람은 어리석은 줄 모른다. 깨어나야 비로소 알게 된다. 깨어나기 위해서는 벗어나야 한다. 생각의 틀을 깨지 않으면 벗어나지 못한다.

깨달음과 자아

그림자를 죽이고 싶다면 빛을 가져오라.

그러면 그림자는 사라질 것이다.

더 많은 깨달음을 가져오라.

그러면 자아는 사라질 것이다.

자아는 당신의 그림자다.

육체가 반드시 그림자를 만드는 것처럼,

자아 또한 그림자를 만든다.

그대는 그것과 싸울 수 없으며, 죽일 수도 없다.

사실, 죽이고 싶은 것은 자아이다.

빛이 하나일 때 그림자가 생긴다. 하나만 아는 것은 위험하다. 진리도, 종교도, 신념도 그렇다. 내 안에 더 많은 빛이 있으면 마음의 그림자, 즉 편견이 사라진다. 그 때는 골짜기가 되고 바다가 되어 모든 것을 다 받아들일 수 있다. 자아는 평생 같이 다니는 친구이기도 하고 평생 싸워야 하는 적이기도 하다.

문제는 만들어진 것

문제는 만들어진 것이다.

상황은 거기에 있지만 문제는 거기에 없다.

문제는 상황에 대한 그대의 해석이다.

동일한 상황이 한 사람에게는 문제가 될 수 있지만,

다른 사람에게는 문제가 되지 않을 수 있다.

문제를 만들어내느냐 아니냐의 여부는

그대에게 달려 있다.

그러나 문제는 그곳에 있지 않다.

문제는 존재하는 것에 있는 것이 아니라

인간의 마음속에 있다.

문제는 상황이 만드는 것이 아니라 사람의 마음이 만든다. 상황은 문제를 일으키는 재료일 뿐 문제로 만드는 것은 사람이다. 해변에서 밀려오는 파도에 쓸려들어 가는 사람도 있고 파도를 즐기는 사람도 있다. 삶은 상황의 연속이지만 문제의 연속은 아니다. 풀지 못하는 문제는 없다. 문제가 괴로운 것이 아니라 풀지 못하니 괴로운 것이다.

PART 08

●

크리슈나무르티

Jiddu Krishnamurti , 1895~1986

Krishnamurti

달라이 라마가 이 시대 가장 위대한 철인(Thinker)이라고 칭송한 20세기 사상가이자 명상가.

인도 안드라프라데시에 있는 작은 도시 만다나팔레에서 태어나, 13세 나이에 신지학협회의 선택을 받았다. 그의 말과 저술은 어느 특정 종교와도 연결되지 않았으며 동양도 아니고 서양도 아닌 전 세계를 위한 것이었다.

그는 어떠한 계급, 국적, 종교 그리고 전통에도 얽매이지 말라고 말하며, 학습된 정신이 가져온 파괴적 한계로부터 인류를 완벽히 자유롭게 해방시키고자 했다. 죽을 때까지 60여 년 동안 전 세계를 돌아다니며 많은 강연을 했다. 그는 인간의 삶 속에서 발생하는 여러 문제들에 대한 끊임없는 성찰과 이해 속에서 삶의 질이, 인간됨이 오로지 '참'으로, '넘어설 수 있는 그 무엇'을 향해 항상 열려 있어야 한다고 말한다.

저서로는 《완전한 자유》《앞으로의 삶》《희망탐색》《자기로부터의 혁명》《세속에서의 명상》 등이 있다.

홀로 있다는 것

외로움과 홀로 있는 것은 다르다.

외로움은 궁극적인 자기고립 작용이다.

그대 자신에 대해 더 많이 의식할수록 더 고립된다.

그러나 홀로 있음은 고립이 아니다.

외로움이 끝날 때에만 홀로 있음이 있다.

홀로 있음은 모든 영향, 즉 밖으로부터의 영향과

기억이라는 내적인 영향 둘 다 완전히 멈춘 상태이다.

그리고 마음이 홀로 있음이라는 그 상태에 있을 때에만

그것은 깨끗하고 순수한 것을 알 수 있다.

외로움은 군중 속에서도 느낀다. 홀로 있다고 고립된 것은 아니다. 혼자 있으면서 기쁨과 행복을 느끼는 사람도 있다. 프랑스의 철학자 파스칼은 '우리가 행복하지 않은 유일한 이유는 작은 방에 홀로 머물지 못하기 때문'이라고 했다. 홀로 있으면서도 행복과 기쁨을 누릴 수 있다. 고독은 혼자 있느냐 아니냐의 문제가 아니라, 내면의 세계가 있느냐 없느냐의 문제다. 내면의 세계가 있으면 홀로 있어도 외롭지 않고, 그것이 없으면 같이 있어도 외로운 것이다.

우리는 타인에게 관심이 없다

우리는 사실 타인에 대해 관심이 없다.

우리는 남의 일에 대하여 말은 해도

실제로는 관심이 없는 것이다.

그 관계가 우리에게 기쁨이나 만족을 준다든지,

우리를 따뜻하게 보호해줄 때만 관심을 갖는다.

그러나 관계가 우리에게 불쾌한 걱정이나

불안을 준다면 주저하지 않고 그 관계를 포기한다.

우리가 만족하고 있는 동안에만 관계가 존재하는 것이다.

타인은 우리에게 관심이 없다. 오직 자신에게만 관심을 가지고 있을 뿐이다. 우리에게 관심 있는 척 할 뿐이다. 우리도 마찬가지다. 그런데 왜 우리는 타인에게 관심을 가지는가? 그들의 관심을 끌어야 하기 때문이다. 그것이 그들과 관계를 맺는 방법이기 때문이지 더 이상은 관심이 없다. 그들이 무엇을 원하는지, 무엇에 관심이 있는지를 알고 만족시켜 주는 것이 그들과의 관계를 오래 유지하는 비결이다.

두려움에서 벗어나는 방법

우리는 외로움과 공허함을 피하려고 한다.
만약 당신이 있는 그대로의 현실을 보지 못하고
달아나버린다면 분명히 실상을 이해할 수 없다.
먼저 당신은 도망가기, 도피하기를 그만두어야 하고,
그래야만 있는 그대로의 자기를 볼 수 있게 된다.
지금의 현실을 비판한다거나,
좋아하거나 싫어한다면 그것을 제대로 관찰할 수 없다.
당신은 그것을 외로움이라고 부르고 그로부터 달아난다.
있는 그대로의 실상에서 도망하는 것,
바로 그것이 두려움이다.

외로워서 사랑을 했지만 사랑 때문에 더 외롭고, 괴
로워서 술을 마셨지만 마신 뒤에 더 괴롭다. 우리는
실상을 있는 그대로 보는 것을 두려워한다. 대상을 두려워한
나머지 바로 보기보다는 숨거나 피하고 싶어 한다.
두려움은 그림자와 같다. 도망간다고 없어지는 것이 아니다.
두려움에서 벗어나는 방법은 실상을 바로 보는 것이다.

사랑

사랑은 즐거움을 동반하는 욕망으로서,

즐거움은 감각과 성적인 애착, 성취를 통해서 나온다.

나는 섹스에 반대하지 않지만,

그 속에 무엇이 함유되어 있는지 안다.

성생활은 순간적으로 당신을 완전하게 버리도록 해준다.

그리고 나서 혼란을 가진 상태로 다시 돌아온다.

당신은 걱정이 없고, 문제가 없고, 자기가 없는

그 상태를 거듭 반복하기를 바라는 것이다.

살기 위해서 먹어야 하지만 지나치게 먹으면 문제가 되듯이, 섹스는 신이 준 선물이지만 지나치면 문제가 된다. 약간 모자랄 때가 가장 적당할 때이다. 남자와 여자의 성적 절정기가 다른 것에 대해 의문을 품은 적이 있었다. 남성호르몬은 10대 후반에서 20대 초반이 절정인데 비해 여자는 30대 후반이 절정이다. 이런 언밸런스는 신의 장난일까, 실수일까, 아니면 신의 한 수일까? 신이 장난치거나 실수할 리가 없다. 이것은 신의 한 수다. 아무리 좋다고 하더라도 적당히 하고 남는 에너지를 창조적인 곳에 쓰라는 신의 섭리가 아닐까.

말은 적게 하라

당신은 일상생활에서 흔히 생겨나는
사소한 욕망들도 경계해야 한다.
절대로 돋보이거나 현명해 보이려고 하지 마라.
말하려는 욕망을 갖지 마라. 말을 적게 하는 것이 좋다.
말하고자 하는 것이 분명히 진실하고 친절하며
도움이 된다는 확신이 없다면
아무 말도 하지 않는 것이 더욱 좋다.

말은 누구를 위해서 하는가? 말을 할 때는 듣는 사람을 먼저 생각해야 한다. 말을 하는 사람은 꼭 필요한 말이라고 생각하지만 듣는 사람은 쓸데없는 말이 많다고 생각한다. 관심이 없는 사람에게 말을 하는 사람은 배가 고프지 않은 사람에게 먹을 것을 주는 것과 같다. 말을 많이 해서 문제가 되는 경우는 많지만 말이 짧아서 문제가 되는 경우는 없다. 들으려 하지 않으면 말하지 말고, 말하려거든 짧게 하라.

아름다움을 보는 눈

아름다움은 당신이 보는 어떤 것이 아니다.

아름다운 나무, 아름다운 그림,

아름다운 건물 또는 아름다운 여인이 아니다.

오직 당신의 가슴과 마음이

사랑이 무엇인지 알 때만 아름다움이 있다.

사랑과 그러한 미의 감각 없이는 덕행이 없으며,

여러분이 하고 싶은 것

(사회를 개선하고 가난한 사람을 먹이는 일)을

한다고 해도 다만 더 많은 피해를 끼칠 뿐이다.

사랑이 없이는 당신의 가슴과 마음에

추악함과 빈곤이 있을 뿐이기 때문이다.

아름답기 때문에 그렇게 보이는 것일까, 특별한 눈으로 보기 때문에 아름답게 보이는 것일까? 행복한 일이 있어서 행복한 것일까, 행복하게 느끼기 때문에 그런 마음이 드는 것일까?

둘 다 맞지만 대상이 어떠한가 보다 어떻게 보는가가 더 중요하다. 마음이 어두울 때는 장미화원에 있다고 하더라도 꽃이 예쁘게 보이지 않는다. 마음이 행복할 때는 미미한 풀꽃도 예쁘게 보인다. 우리가 할 수 있는 일은 세상을 장미화원으로 만드는 일이 아니라 발밑의 풀꽃을 아름다운 눈으로 보는 일이다.

비교하지 마라

마음은 늘 판단하고, 비교하고, 저울에 달고,
어디 약점이 없나 찾는 데 혈안이 되게 마련이다.
마음 속에 비교가 자리잡으면 사랑이 들어서기 어렵다.
부모가 자식들을 사랑할 때 아이들을 서로 비교하지 않고,
다른 집 아이들과도 비교하지 않는다.

사랑은 유일한 것이다. 유일한 것이 아니라면 사랑에 쉽게 빠지지 않고 목숨을 걸지도 않는다. 사랑의 가장 무서운 적은 비교하는 것이다. 비교가 유일함을 깨는 적이다. 비교는 또 다른 것을 마음에 끌어들이는 것이다. 그 순간 사랑은 시들고 만다.

군대시절, 한 여인과 사귀면서 다른 여자와 비교한 적이 있었다. 비교하려고 한 것이 아니라 다른 여자 이야기를 하다 보니 결과적으로 그렇게 되었다. 여자가 한을 품으면 오뉴월에 서리 내린다는 것을 경험했다. 그 날 이후 '사랑은 비교하지 않는 것'이란 말을 금과옥조로 여겼다.

무엇이 두려운가

죽음이라는 말을 두려워하는가,
죽음이라는 사실 그 자체를 두려워하는가?
나는 말이나 관념을 두려워하기 때문에
결코 사실을 이해하지 못하고, 결코 사실을 보지도 못하며,
결코 사실과 직접 관계를 맺지도 못한다.
내가 사실과 완전히 교감하지 못하면 두려움이 생기고,
내가 사실에 대한 관념, 견해, 이론을 가지고 있는 한
사실과 교감할 수 없다.
따라서 내가 말이나 관념을 두려워하는지,
사실을 두려워하는지를 아주 분명하게 해야 한다.

치과에서 진료 중 받는 고통보다 상상속의 두려움이 더 크다. 귀신을 무서워하는 것은 관념 속 형상이지 실제로 본 사람은 없다. 옛날이야기나 영화, 드라마에서 본 모습을 상상하기 때문이다. 공동묘지도 그 자체가 아니라 그것에 관한 생각이 더 무서운 것이다. 외국에는 공동묘지 바로 옆에 고급주택단지가 있는 곳도 있다. 두려움은 사실이 아니라 생각에서 오는 것이다. 죽음도 그럴 것이다.

● 크리슈나무르티

배려와 간섭

흔히 생기는 욕망 중에 엄격하게 억제해야 할 것은
남의 일에 간섭하는 것이다.
상대방이 무엇을 하거나, 어떤 것을 믿거나 말하는 것은
당신의 일이 아니며,
당신은 그가 하는 대로 내버려두는 것을 배워야 한다.
그 사람이 타인을 방해하지 않는 한,
그는 자유롭게 생각하고 말하며 행동할
완전한 권리가 있다.

배려와 간섭 사이의 경계가 애매하다. 상대가 원할
때 나서는 것은 배려지만 내가 원해서 나서는 것은
간섭이다. 상대가 원하기 전까지 나서지 마라. 도움을 청해서
나서는 것은 감사로 돌아오지만 그 전에 나서는 것은 간섭으
로 받아들여진다. 대부분의 사람들이 세상에서 배워야 할 가
장 어려운 일은 남의 일에 간섭하지 않는 것이다.
아내는 없어도 되는 것을 싸게 사고, 나는 필요한 것을 비싸
게 산다. 우리는 거기에 대해 간섭하지 않는다. 가정이 평화롭
다. 여기까지 오는데 많은 고비가 있었다.

관대함

당신은 누구에게나 완전하게 관대해야 하며,

다른 종교의 교리에 대해서도

자신의 종교와 마찬가지로 깊은 관심을 가져야 한다.

그들의 종교도 정상에 이르는 길이기 때문이다.

모든 사람을 돕기 위해서 당신은

이 모든 것을 이해해야 한다.

타인의 종교에 대해서는 관심은 가지되 편견을 가져서는 안 된다. 하나의 종교만 아는 사람은 그것을 진리라고 생각하지만, 다른 종교를 이해하는 사람은 그렇지 않다. 사람이든 종교든 이해하는 만큼 알게 되고, 아는 만큼 관대해질 수 있다.

우리 부부는 처음에는 불자였다. 아침 산책길에 집 앞에 있는 절에 들러 내가 삼배를 할 때, 아내는 108배를 했다. 그런 아내가 지금은 성당에 나간다. 그런데 아무 문제가 없다. 그 길이 편하면 가는 거다. 서로 자신의 종교에 대해 담담하게 이야기한다. 사랑전선에 종교가 문제되지 않는다.

지혜

오직 고통이 끝나야만 지혜가 생겨난다.

지혜란 책이나 다른 어떤 것에서 배울 수 있는 게 아니다.

지혜는, 개인적인 고통이든 인류의 고통이든,

고통과 고통에 함축되어 있는 모든 것에 대한

이해에서 나온다.

그대가 고통을 넘어설 때에만 지혜가 생긴다.

진주는 조갯살 속에 이물질이 있어야 만들어지고, 지혜는 삶 속에 고통이 있어야 생긴다. 조개는 조갯살 속을 파고드는 이물질이 주는 고통을 이겨내기 위해 체액을 짜내 이물질을 에워싸면서 진주를 만든다. 평탄한 삶 속에서는 지혜가 생기지 않는다. 제자백가사상은 중국의 춘추전국시대의 난세에서 나온 것이다.

내가 지금까지 쓴 책들은 고통 속에서 나온 결과들이다. 안정된 직장 속에 있었더라면 결코 쓸 수도, 쓸 필요도 없었을 것이다. 고통을 스스로 만들 필요는 없지만 지금의 고통을 극복하면 어제보다 더 깊은 사람이 되는 것은 분명한 사실이다.

중요한 일을 먼저 하라

중요한 것과 중요하지 않은 것을 구별할 줄 알아야 한다.
바른 것과 그른 것에 관해서는 바위처럼 굳세어야 하고,
중요하지 않은 일에서는 언제나 타인에게 양보하고
따라주어야 한다. 왜냐하면 당신은
언제나 점잖고 친절해야 하고, 사려 깊고
남을 받아들일 줄 알아야 하며,
그대 자신에게 필요한 만큼의 충분한 자유를
다른 사람에게도 주어야 하기 때문이다.

삶의 제1법칙은 중요한 일을 먼저 하는 것이다.
2법칙은 중요한 것과 중요하지 않은 것을 구별할 줄
아는 능력을 키우는 것이다. 중요한 일을 먼저 한 사람은 작은
일에 여유가 생기고 타인에게 관용을 베풀 수 있다.
새벽에 일어나면 가장 중요한 일부터 한다. 나에게 가장 중요
한 일은 책을 읽고 글을 쓰는 일이다. 그 다음에는 운동이다.
집안일을 뒤로 미루니 아내가 싫어해서 가끔 아내가 원하는
일을 먼저 하기도 하지만 원칙에서 크게 벗어나지는 않는다.

환생에 관하여

당신은 죽음을 자신에게서 아주 멀리

떨어뜨려 놓고 있지만

그것이 언젠가는 올 거라는 걸 아주 잘 알고 있다.

그래서 환생 같은 이론을 만들어낸다.

다음 생이 있는가?

환생을 정말로 믿는다면,

이번 생에서 무엇을 하는가에 따라

다음 생에 태어나게 될 거라는 것을 정말로 믿는다면,

이번 생이 다음 생보다 훨씬 더 중요해진다.

그것은 '지금' 무엇을 하는가가 중요하며,

'지금' 어떻게 행동하는가가 중요하다는 것을 뜻한다.

환생은 죽음에 대한 불안을 극복하기 위해 만들어낸 것인가, 아니면 정말 있는 것인가? 여기에 대해서는 석가모니 부처님도 확실하게 말하지 않았다.

환생을 믿든 믿지 않든 그건 중요하지 않다. 중요한 건 지금이다. 환생이 없다고 믿는다면 한 번 뿐인 삶인 지금을 잘 살아야 하고, 환생이 있다고 믿는다면 다음 생에서 더 좋은 모습으로 살기 위해 지금을 잘 살아야 한다. 지금을 바꾸지 않으면 미래를 바꿀 수 없고, 이승을 바꾸지 않으면 저승을 바꿀 수 없다. 환생하지 않아도 될 정도로 지금 이 순간을 잘 사는 것이 중요하다. 이 순간을 대충 살 거라면 환생할 필요가 없다.

욕망은 모순 속에 있다

욕망은 언제나 모순 속에 있다.

나는 모순된 것들을 욕망한다.

욕망을 통제하고 또는 승화시켜야 한다는 의미가 아니다.

나는 다만 욕망 자체가 모순된다는 것을 알 뿐이다.

모순된 것은 욕망의 대상이 아니라 욕망의 본질이다.

갈등을 이해하기 전에 욕망의 본질을 알아야 한다.

우리는 자신 안에서 모순 상태에 있으며,

이것은 욕망이 초래한 것이다.

우리는 이미 쾌락을 좇고 고통을 피하려는

욕망 속에 살고 있다.

욕망은 원초적이다. 합리적이지도, 이성적이지도 않다. 욕망은 때로는 끝도 없이, 때로는 욕망해서는 안 되는 것까지 뻗친다. 욕망은 얌전한 고양이처럼 있다가도 야생마처럼 날뛰기도 한다. 누구의 것이든 욕망을 꺾으려고 하면 안 된다. 욕망의 손을 다 들어줘서도 안 된다. 욕망이 고개를 들 때 가만히 보고 있으면 날뛰다가 고개를 숙인다.

욕망을 대할 때는 집에서 키우는 콩나물처럼 하라. 콩나물은 물을 너무 자주 주면 썩어서 버려야 하고, 너무 적게 주면 쓸데없는 잔발이 나서 못 쓰게 된다.

인간관계 문제

관계에서 불화를 일으키는 제일 원인은
한결같은 갈망의 중심인 자기 자신, 즉 자아이다.
다른 사람이 어떻게 행동하는지가 중요한 게 아니라,
우리들 각자가 어떻게 행동하고 반응하는지가
제일 중요한 것이라는 걸 깨달을 수만 있다면,
그리고 행동과 반응을 본질적으로 깊이 이해할 수 있다면,
관계는 밑바탕부터 철저한 변화를 겪을 것이다.

인간관계에서 문제의 원인을 자신에게서 찾는 사람은 해결을 할 수 있지만, 상대에게서 찾는 사람은 해결할 수 없다. 상황이 중요한 것이 아니라 상황을 받아들이는 자신의 인식이 더 중요하다. 상대는 종속변수이자 주어진 하나의 상황일 뿐, 내 자신이 독립변수이며 문제의 원인이다. 주기적으로 부부싸움을 한다. 자아가 충만할 때는 평화의 시간이 길었고, 자아가 낮을 때는 평화가 쉽게 깨졌다. 화해도 마찬가지다. 불화의 원인이 나에게 있다고 생각하면 쉽게 화해할 수 있었고, 상대에게 있다고 생각하면 오래 갔다.

슬픔의 원인

불행한 사람, 슬픔에 빠져 있는 사람은
자신의 슬픔 뒤에 감추어져 있는 것이 무엇인지
알고 싶어 한다. 그대의 슬픔의 이면을 조사해보면
자신이 아주 작고 공허하고 제한되어 있다는 것을,
성취하려고 몸부림치고 있음을 발견하게 될 것이다.
무엇인가를 성취하고, 뭔가가 되려고 하는
바로 이 몸부림이 슬픔의 원인이다.

 성장을 위한 고통과 눈물은 우리를 단단하고 아름답게 만든다.

"사람은 노력하고 있는 동안 방황하는 법이다"라고 괴테는 말했다. 성장을 위해 방황하는 사람은 길을 잃은 사람이 아니라, 더 나은 길을 찾는 사람이다. 방황조차 하지 않는 사람은 삶의 길을 잃은 사람이며, 그는 꽉 막힌 곳에서 벗어날 수 없다.

철학자는 지혜를 사랑하지만 행복하게 보이지 않고, 시인은 삶을 노래하지만 즐거워 보이지 않는다. 슬픔을 피하는 것은 무겁게 보인다고 거북의 등을 떼어내는 것과 같다. 참 행복은 슬픔을 극복하면서 느낀다.

편견

오랫동안 같이 산 두 사람은
서로에 대한 이미지를 갖고 있는데,
그것이 그들의 진정한 관계를 막는다.
만일 우리가 관계를 이해한다면 서로 협력할 수 있지만,
이미지나 상징 또는 이념적 생각들을 통해서는
협력할 수가 없다.
당신이 어떻게 해서 당신의 아내, 남편, 이웃, 아이,
나라, 지도자들, 정치가들, 신들에 대한 이미지를
만들었나 하는 것을 이해하는 것이 중요한데,
그것도 머릿속으로가 아니라 당신의 나날의 삶 속에서
진정으로 이해하는 것이 중요하다.
당신은 이미지들 이외에
아무 것도 갖고 있지 않은 것이다.

우리는 실체가 아니라 이미지를 보고 판단한다. 이미지는 객관적인 사실이 아니라 우리의 생각이 만든 허상이다. 첫인상은 오래 간다. 정확한 정보가 없는 상태에서 만들어진 이미지는 양극단으로 흐르기 쉬우며, 한 번 박힌 이미지는 편견으로 남아 쉽게 바뀌지 않는다.

《오만과 편견》을 쓴 제인 오스틴은 "편견은 내가 다른 사람을 사랑하지 못하게 하고, 오만은 다른 사람이 나를 사랑할 수 없게 만든다"고 했다. 편견 없는 이미지는 없다. 관계가 불편하면 자신의 잘못된 이미지, 즉 편견이 있지는 않을까 생각하라.

모순과 역설

많은 사람들이 큰 공허함과 고독감을 느낀다.

우리는 그것을 회피하려고 하고

공허로부터 도망가려고 하며

고뇌로부터 멀리 떨어져서 안전, 영속성을 찾으려고 한다.

그러나 이러한 고뇌로부터, 이러한 고독으로부터의

어떠한 도피도 문제를 해결하지 못할 것이다.

반대로 그것은 문제를 확대시키고

또 다른 혼란을 초래한다.

그래서 먼저 도피를 인식해야 한다.

내가 사실로부터 도피하고 있는 한,

나는 그 사실을 두려워한다.

두려움이 있을 때, 나는 사실과 교류를 가질 수 없다.

그래서 공허한 사실을 이해하기 위하여

두려움이 있어서는 안 된다.

두려움은 내가 그로부터 도피하려고 할 때만 온다.

도망가면서 나는 결코 그것을 직접 볼 수 없기 때문이다.

삶은 때로는 모순이며 역설이다. 간절하게 바라는 것은 되지 않고 두려워하는 것이 오히려 된다. 피하려고 하니 두려운 것이다. 도망가서는 두려움에서 벗어날 수 없다. 두려움과 맞서야 극복할 수 있다. 두려움과 고통은 피할수록 커지고, 맞서는 순간 작아진다.

대학시절에 친구와 이야기할 때는 청산유수로 했지만 좋아하는 여자 앞에서는 말을 더듬었다. 괜히 얼굴이 붉어지고 테이블 위의 컵을 들었다 놓았다 하였다. 상대에게 잘 보이려고 하기 때문에 오히려 더 안 됐다. 실수를 두려워하는 마음이 오히려 실수를 낳는다. 마음은 '실수를 하지 않으려고' 하지만 뇌는 '실수'만 기억한다.

PART 09

●

칼릴 지브란

Kahlil Gibran, 1883 ~ 1931

Kahlil Gibran

철학자, 화가, 소설가, 시인으로 유럽과 미국에서 활동한 레바논의 대표
작가다.

유복한 가정에서 성장하여 12세에 아버지만 레바논에 남고 전 가족이
미국 보스턴으로 이주했다. 2년간 영어를 공부하고, 레바논으로 돌아
와 아랍어와 프랑스어를 공부했다. 그후 아버지를 따라 전국을 여행하
며 그림을 그렸고, 1902년 유럽 각지를 여행하며 인생체험을 쌓았다.
1908년 파리에서 조각가 로댕을 만나 미술을 공부했다.

20세에 산문시와 희곡을 쓰기 시작했으며, 20년간의 구상을 거쳐 인생
의 근본적인 문제를 제기하고, 그에 대한 답으로, 현대의 성서라고 불리
는《예언자》를 발표했다.

'아메리카의 보헤미아'라고 불리는 그리니치빌리지에서 독신으로 지내며
문학과 미술작품 활동에 전념하면서 인류의 평화와 화합을 주장하고, 레
바논의 종교적 단합을 호소했다. 평소 타국살이의 외로움을 술로 달래다
가 건강을 해쳐 48세의 나이로 세상을 떠났다.

저서로는《예언자》《눈물과 미소》《부러진 날개》《사람의 아들 예수》
등이 있다.

기쁜 노래를 부르는 슬픈 가슴

기쁜 가슴들과 더불어
기쁜 노래를 부르려는 슬픈 가슴은
얼마나 고결한가.

질투하는 사람을 미워하지 마라. 질투하는 사람이 더 아프다. 잘났으면 그까짓 질투를 하지도 않는다. 잘 해보고 싶은데 잘 안 되니까 하는 거다. 그럼에도 진정으로 축하해주는 사람은 영혼이 아름다운 사람이다.

질투가 나쁜 것이 아니다. 질투가 난다고 축하의 말도 하지 못하는 것이 나쁘다. 질투하는 사람을 이해하지 못하고 비난하는 것도 나쁘긴 마찬가지다. 나도 때로는 질투심이 생길 때가 있지만 내색하지 않는다. 질투심이 생기는 것은 본능이지만 내색하지 않는 것은 인격이다.

눈물과 미소

내 가슴의 슬픔을

저 많은 사람들의 기쁨과 바꾸지 않으리라.

그리고 내 몸의 구석구석에서 흐르는 슬픔이

웃음으로 바꿔지는 것이라면

나는 그런 눈물 또한 흘리지 않으리라.

나는 나의 인생이 눈물과 미소를 갖기를 바라네.

눈물은 내 가슴을 씻어주고

인생의 비밀과 감추어진 것들을 이해하게 하네.

미소는 나를 내 종족의 아들들에게 가까이 이끌어주며,

또한 신들에게 바치는 찬미의 상징이기도 하네.

눈물은 나를 저 부서진 가슴의 사람들에게 묶어주고,

미소란 살아 있는 내 기쁨의 표적이 되기도 한다네.

기쁨으로만 채워지는 인생도, 슬픔만 이어지는 인생도 없다. 쇠는 불과 물 사이를 왔다갔다 하면서 강해지고, 삶은 슬픔과 기쁨 사이를 오가면서 깊어진다. 기쁨은 삶을 빛나게 하고, 슬픔은 삶을 깊게 한다. 미소는 얼굴을 빛나게 하지만 눈물은 영혼을 맑게 한다. 슬픔을 겪은 영혼은 기쁨이 찾아올 때 온몸으로 느끼며, 기쁨을 누린 가슴은 슬픔도 기쁨의 친구라는 것을 안다.

보여주지 않는 것

다른 사람의 실체는
그가 당신에게 보여주는 것에 있지 않고,
그가 당신에게 보여줄 수 없는 것에 있다.
그를 이해하려면 그가 하지 않은 말에 귀를 기울여라.

보이는 하나가 있기까지는 보이지 않는 아홉이 있
다. 한 마디의 말이 있기까지는 하지 않은 아홉 개의
생각이 있다. 사랑 때문에 보여줘야 하는 것이 있고, 사랑하기
때문에 보여줄 수 없는 것이 있다. 보여주는 것만 보고 말하는
것만 듣는다면 당신은 상대를 조금밖에 모르는 것이다.

젊은 시절 여친과의 마지막 자리에서 있었던 이야기다.

"그렇게 저를 사랑하던 달국씨가 왜 지금 헤어지자는 말을 하
세요?"

"나는 사랑한다고 말한 적이 없어요."

"그런 걸 꼭 말을 해야 아나요? 정월대보름날 저녁 식사를 하
면서 달국씨의 떨리는 손을 보고 알았어요. 자신을 속이지 마
세요."

돌아설 때 그녀의 눈물을 보았다.

그릇의 크기

언젠가 시냇물에게 바다 이야기를 해주었다.
시냇물은 나를 상상력이 풍부한 허풍선이에
지나지 않는다고 말했다.
그리고 언젠가 바다에게 시냇물 이야기를 해주었다.
바다는 나를 깎아내리기 좋아하는
중상 모략가에 지나지 않는다고 생각했다.

사람은 자신의 그릇의 크기만큼만 받아들이고, 수준만큼만 이해할 수 있다. 위대한 사상도 수준이 되지 않는 사람에게는 한낱 헛소리에 불과하고, 현대미술을 모르는 사람에게는 피카소의 작품도 어린아이의 그림에 지나지 않는다.

똑같이 평등하게 대하는 것이 정의가 아니다. 상대에 따라 다르게 대하는 것이 정의로운 것이다. 그릇이 큰 사람에게는 담을 것이 부족함을 걱정하고, 작은 사람에게는 넘칠 것을 걱정하라.

스승

나는 수다쟁이에게서 침묵을,

참을성 없는 사람에게서 인내를,

불친절한 사람에게서 친절을 배웠다.

그런데 이상하게도 나는 이 스승들에게

고마워하지 않고 있다.

평범한 사람에게도 한 가지 정도는 배울 것이 있다. 군대에서 '오(誤)시범'이라는 것이 있다. 정시범은 숙달된 조교에게서 배우는 것이고, 오시범은 고문관에게서 저렇게 하면 안 된다는 것을 배우는 것이다.

어리석은 사람은 지혜로운 사람에게서도 배울 수 없지만, 지혜로운 사람은 어리석은 사람에게서도 배울 수 있다. 모든 사람을 가르쳐줄 수는 없지만, 배우려고 하는 사람은 누구에게서든지 배울 수 있다.

사랑에 대하여

사랑이 그대를 부르거든 그를 따르라.

비록 그 길이 힘들고 가파를지라도.

사랑의 날개가 그대를 감싸 안거든

그에게 온몸을 내맡기라.

비록 그 날개 속에 숨은 칼이 그대를 상처 입힐지라도.

사랑이 그대에게 말하면 그 말을 신뢰하라.

비록 북풍이 정원을 폐허로 만들 듯 그 음성이

그대의 꿈을 뒤흔들지라도.

아~! 나는 그렇게 사랑하지 않았다.

그녀를 따르지도, 온몸을 내맡기지도, 그 말을 신뢰하지도 않았다. 그럴 듯한 이유로 그녀를 떠나보냈다. 동성동본이라는, 종교가 다르다는, 부모가 반대한다는 이유로.

많은 세월이 흐른 지금 나는 어떻게 사랑하고 있는가?

크게 달라지지 않았다. 다음에 더 잘해줄 수 있을 거라는 이유로 그렇게 하지 않는다.

지금의 이유가 더 이유 같지 않은 이유다.

● 칼릴 지브란

어머니

어머니는 무엇이든지 된다.
어머니는 우리가 슬플 때 위안이 되고,
우리가 고통에 빠져 있을 때 희망이 되며,
우리가 연약할 때 힘이 된다.
어머니는 사랑과 자비와 동정과 용서의 원천이다.
어머니를 잃는 사람은 자신을 끊임없이 축복하고 보호하는
지순한 영혼을 잃는다.

어머니는 사람이 아니다. 어머니는 신의 대행자다. 신이 직접 다 할 수 없는 일을 어머니를 통해 하신다. 평범한 여인도 어머니가 되면 위대해진다. 아기를 낳는 순간 사람이 신의 대행자가 되는 것이다. 어머니를 잃으면 나를 지켜주던 별을 잃는 것이다. 아이는 어머니가 되기 전까지는 이 사실을 모른다.

어머니가 자식을 돌보며 아름다운 추억을 만들어주었다. 이제는 내가 어머니의 고통과 외로움에서 조금이라도 벗어날 수 있게 해드려야 한다. 원금의 일부만이라도 갚아야 하는 것이 자식의 도리다.

위대한 사람

참으로 위대한 사람은
아무도 지배하려 하지 않는 사람,
누구의 지배도 받지 않는 사람이다.

 지배는 폭력이다. 가장 위대한 자는 힘으로 지배하는 자가 아니라 도와주는 사람이다.

따뜻하게 비추기만 할 뿐 지배하지 않는 햇빛을 보라. 세상의 모든 존재가 햇빛을 향해 있다.

싸워서 이기는 사람보다 싸우지 않고 이기는 자가 더 위대하다. 가장 위대한 자는 누구와도 싸우지 않고 누구도 싸움을 걸지 않는 사람이다.

나는 누구도 지배하지 않는다. 나보다 더 힘이 센 사람은 내가 지배할 수 없는 사람이고, 나보다 힘이 약한 사람은 내가 지배할 필요가 없는 사람이기 때문이다. 나는 누구의 지배도 받지 않는다. 내가 원하는 것을 다 할 수 있는 자유는 없어도 내가 원하지 않는 것을 하지 않아도 되는 자유는 있기 때문이다. 나는 위대한 사람보다 자유인이 되고 싶다.

● 칼릴 지브란

아이들에 대하여

그대의 아이는 그대의 아이가 아니다.
아이들이란 스스로를 그리워하는 큰 생명의 아들딸이니
그들은 그대를 거쳐서 왔을 뿐
그대로부터 온 것이 아니다.
또 그들이 그대와 함께 있을지라도
그대의 소유가 아닌 것을.
그대는 아이들에게 사랑을 줄 수는 있으나,
그대의 생각까지 주려고 하지는 말라.
아이들에게는 아이들의 생각이 있으므로.
그대는 아이들에게 육신의 집은 줄 수 있으나,
영혼의 집까지 주려고 하지 말라.
아이들의 영혼은 내일의 집에 살고 있으므로.
그대는 결코 갈 수 없는, 꿈속에서조차 갈 수 없는
내일의 집에.
그대가 아이들과 같이 되려고 애쓰는 것은 좋으나,
아이들을 그대와 같이 만들려고 애쓰지는 말라.
큰 생명은 뒤로 물러가지 않으며,
결코 어제에 머무는 법이 없으므로.

아이는 나에게 온 손님이다. 때가 되면 떠나야 한다.
손님이 떠날 때 대가를 지불하지 않아도 주인은 말
을 못한다. 그 손님 또한 자신의 손님을 맞을 것이다. 그것으
로 계산은 끝났다.

나에게 3명의 손님이 왔다. 나는 그들이 나의 집으로 온 것에
감사하며 많은 것을 주려고 했다. 나는 그들에게 걷는 법을 가
르치려고 하였지만 그들은 뛰고 있었다. 나는 그들에게 사랑
을 가르치려고 했지만 그들이 먼저 사랑하고 있었다. 즐거움
도 아쉬움도 다 흘러간 지금 빈 둥지로 남아있지만, 그들로 인
해 행복했다.

지혜

지혜가 너무 오만해 울 수 없게 될 때,
너무 근엄해 웃을 수 없게 될 때,
너무 이기심이 많아 자신 외에는 구하지 않게 될 때
그것은 이미 지혜가 아니다.

지혜는 겸손으로 인하여 더욱 빛나고 오만으로 더욱 빛이 바랜다. 기쁠 때 뿐만 아니라 슬플 때도 웃음을 잃지 않고, 타인에 대한 배려도 잊지 않는 사람이 아름답다. 지혜로운 사람은 아는 것은 말하고 모르는 것은 말하지 않으며, 기쁠 때는 웃고 슬플 때는 우는 사람이다.

나는 무거운 짐을 지고도 웃을 수 있고, 슬플 때도 웃음을 잃지 않을 수 있지만 슬플 때는 눈물이 나지 않는다. 슬픈 영화를 보고 있으면 눈물이 나는데 내가 슬플 때는 왜 눈물이 나지 않을까? 나의 삶이 영화보다 덜 슬프기 때문일까, 아니면 지혜가 너무 오만한 것일까?

기쁨도 선택 슬픔도 선택

우리는 기쁨과 슬픔을 경험하기 훨씬 전에
기쁨과 슬픔을 선택한다.

비관주의자는 슬픔을 경험하기 전에 수많은 슬픔을
선택하고, 죽음을 경험하기 훨씬 전에 두려움을 끊
임없이 선택한다. 필연적으로 겪어야 하는 운명이 슬픈 것이
아니라, 운명이 오기도 전에 울고 있는 것이 슬프다. 낙관주의
자는 기쁨을 경험하기 전에 즐거움을 선택하고, 천국에 가기
전에 천사를 수없이 만난다. 어차피 인생이 선택이라면 슬픔
보다 기쁨을 선택하라.

● 칼릴 지브란

진정한 가치

산이 안개에 가렸다고 해서 언덕이 될 수 없으며,
참나무가 비에 젖었다고 해서 수양버들이 될 수 없다.

모든 사람이 자신의 가치를 제대로 인정받는 것은 아니다. 거품이 낄 수도 있고 평가절하가 있을 수도 있다. 하루 종일 가는 안개가 없고 사흘 동안 내리는 비도 없다. 안개에 가려져 있어도 볼 수 있는 사람은 보고, 비에 젖어도 속까지 젖는 것은 아니다.

나의 꽃은 아직 피지 않았다. 아직 때가 안 됐을 뿐 나무가 죽은 것은 아니다. 나의 전성기는 아직 오지 않았다. 느리지만 조금씩 성장하여 정점이 어디인지 알 수가 없다.

올바른 평가

그대를 올바로 평가해주는 사람이
피를 나눈 형제보다 그대에게 소중한 사람이리라.
피를 나눈 형제들이 그대의 뜻을 이해해주지 못하고,
그대의 진정한 가치를 몰라준다면
그들에게 무엇을 기대할 수 있겠는가.

좋은 뜻도 이해해주는 사람이 있어야 빛을 보고, 예술도 가치를 알아주는 사람이 있어야 빛난다. 위대한 사람 뒤에는 그의 진가를 알아준 위대한 인물이 있었다. 고흐에게는 동생이, 관중 뒤에는 포숙이 있었다. 사람은 자신을 알아주는 사람을 위해서는 목숨을 바칠 수도 있다.
당신의 가치를 알아주는 사람의 고마움을 알면 당신도 타인의 가치를 알아주는 사람이 돼라. 소중한 사람을 얻으려면 당신이 먼저 상대의 가치를 알아주는 사람이 되어야 한다.

자장가

우리는 자주 아이들에게 자장가를 불러준다.
그러나 잠드는 사람은 나 자신이다.

 상대에게 꽃을 주면 내가 더 향기롭고
미소를 보내면 내가 더 아름다워지고
칭찬을 하면 내가 더 올라가고
상대의 말을 경청하면 내가 더 깊어진다.
우리가 무엇을 기대하고 그렇게 하는 것은 아니지만
세상은 거울처럼 우리가 하는 그대로 돌려준다.

마음의 성숙도

사랑은 오랜 사귐과 끈질긴 구애에서 온다는 생각은
잘못된 것이다.
사랑은 정신적인 친화력의 소산이다.
만일 이 친화력이 한순간에 창조되지 않는다면
그것은 몇 해가 지나도,
또 몇 세대가 지나도 창조되지 않을 것이다.

한순간의 눈빛이 사랑의 씨앗이 되고, 한마디의 말이 씨앗을 싹트게 하고, 한순간의 포옹이 열매를 맺게 한다. 두 사람을 하나로 만드는 친화력이 바로 마음의 성숙도이다. 이것은 마음에서 일어나는 모든 감정을 종합한 척도다. 유유상종이라는 말처럼 사랑도 비슷한 수준에서 이루어진다. 마음의 성숙도가 비슷한 사람은 첫 만남에서 느낄 수 있고, 몇 번의 대화로 확인할 수 있다. 수준에 맞지 않는 사람과 사랑이 이루어지기도 하지만 대체로 끝이 좋지 않다. 눈에 콩깍지가 끼어 그런 것이 아니라 두 사람의 마음의 성숙도가 맞지 않는 것이다.

● 칼릴 지브란

자유에 대하여

그대들은 걱정을 벗어 던지고자 하는가.

그 걱정은 그대들 스스로 선택한 것일 뿐,

누군가 그대들에게 강요한 것이 아닌 것을.

또 그대들은 두려움을 몰아내고자 하는가.

그 두려움의 자리는 그대들 가슴 안에 있을 뿐,

그 두려움의 대상이 되는 자의 손에 있는 것이 아닌 것을.

그렇다.

모든 것이 그대들 존재 안에서 반쯤 뒤엉긴 채

끊임없이 움직이고 있다.

원하는 것과 싫어하는 것,

피하는 것과 소중히 여기는 것,

추구하는 것과 달아나고 싶은 것들이.

삶에서 두려움과 걱정을 떼어낸다면 즐거움으로 충만한 삶이 되는 것이 아니라 거북에게서 무거운 등을 떼어 죽게 하는 것과 같다. 무거운 등이 거북을 괴롭히기 위해 있는 것이 아니라 거북을 위험으로부터 보호하기 위한 것이듯이 두려움과 걱정은 나를 지키기 위한 것들이다. 이들은 없애거나 피해야 할 것들이 아니라 평생 같이 가야 할 친구처럼 대해야 한다.

자유는 우리의 영원한 친구 같지만 때로는 괴롭히는 친구가 되기도 한다. 우리가 그토록 바라는 자유는 루소가 말한 것처럼 역설적이지만 다른 의미의 자유인지 모른다.

"인간의 자유는 원하는 것을 할 수 있는데 있는 것이 아니라 원하지 않는 것을 하지 않아도 되는 데 있다."

기쁨과 슬픔에 대하여

그대의 기쁨은 가면을 벗은 그대의 슬픔.

그대의 웃음이 떠오르는 바로 그 우물이

때로는 그대의 눈물로 채워지는 것.

또 어찌 그렇지 않을 수 있겠는가.

슬픔이 그대 존재 속으로 더 많이 파고들수록

그대는 더 많은 기쁨을 그곳에 담을 수 있으리라.

그대의 포도주를 담는 그 잔이 바로

도공의 가마 속에서 구워진 그 잔이 아닌가.

그대의 영혼을 달래는 그 피리가 바로

칼로 후벼 파낸 그 나무가 아닌가.

그대가 기쁠 때, 그대 가슴속 깊이 들여다보라.

그러면 알게 되리라.

그대에게 슬픔을 주었던 바로 그것이

그대에게 기쁨을 주고 있음을.

그대가 슬플 때도 가슴속을 들여다보라.

그러면 알게 되리라.

그대에게 기쁨을 주었던 바로 그것 때문에

그대가 지금 울고 있음을.

기쁨이 다하면 슬픔이 찾아오고 슬픔을 참아내면 기쁨이 온다. 슬픔과 기쁨은 한쪽이 비워지면 다른 한쪽이 채워지는 모래시계다. 영화나 드라마를 보면 알 수 있다. 기쁨이 극에 달하면 주인공이 암에 걸리거나 불의의 사고가 발생한다. 주인공이 죽을 고생을 하면 반전이 일어나서 해피엔딩이 된다. 우리의 삶도 마찬가지다.

지금의 슬픔은 다음에 찾아올 기쁨을 생각하며 참아내고, 지금의 기쁨은 마음껏 누려 다음의 슬픔을 견딜 밑거름으로 삼아라. 한평생을 기쁨으로만 보낸 사람도 없고, 눈물로만 보낸 인생도 없다. 천둥과 번개가 친 다음 무지개가 뜨는 법이다.

● 칼릴 지브란

PART 10

●

톨스토이

Leo Nikolayevich Tolstoy, 1828~1910

도스토옙스키와 함께 쌍벽을 이루는 러시아의 위대한 작가이자 기독교 사상가. 50세 이전에는 위대한 소설가였고, 그 후로는 인도 마하트마 간디의 비폭력 사상에까지 영향을 준 '무소유, 무저항'의 철학을 남긴 위대한 종교사상가였다.

러시아 남부의 야스나야 폴랴나에서 톨스토이 백작 집안의 넷째 아들로 태어났다. 어린 시절에는 집에서 교육을 받았고, 까잔대학교 동양어대학 아랍·터키어과에 입학하였으나 방탕한 생활을 일삼다 자퇴하여 고향으로 돌아갔다. 1853년 크림전쟁이 발발하여 전쟁에 참여했다. 당시 전쟁경험은 훗날 그의 비폭력주의에 영향을 끼쳤다. 34세에 소피야와 결혼하여 13명의 자녀를 두었다.

귀족의 아들이었으나 왜곡된 사상과 이질적인 현실에 회의를 느껴 실천하는 지식인의 삶을 추구했다. 그는 고귀한 인생 성찰을 통해 러시아 문학과 정치, 종교관에 놀라운 영향을 끼쳤고, 인간 내면과 삶의 참 진리를 담은 수많은 걸작을 남겨 지금까지도 러시아를 넘어 세계적인 대문호로 존경받고 있다.

저서로는 《전쟁과 평화》《안나 카레니나》《부활》《사람은 무엇으로 사는가》《이반 일리치의 죽음》《참회록》 등이 있다.

침묵해야 할 때를 아는 것

언제 어떻게 말하는지 배우는 것도 중요하다.
하지만 더욱 중요한 것은 언제 침묵해야 하는가이다.
잘못 내뱉은 말을 두고두고 후회하는 일은 많다.
하지만 침묵했던 일을 후회하는 일은 없다.
더 많이 말하고 싶어 하는 사람일수록
하지 말아야 할 말을 해버리는 잘못을 저지르곤 한다.

침묵을 통해 말의 무게를 배우고, 수다를 통해 존재의 가벼움을 경험한다. 말을 할 때는 내 앞에 있는 사람을 상대하지만, 침묵할 때는 자신의 내면과 직면해야 한다. 내면과 직면할 때가 외부와 소통할 때보다 힘들다.
술도 통에서 오래 묵을수록 맛이 깊어지듯이, 말도 속에서 오래 묵을수록 깊어진다. 침묵의 시간은 단지 말을 하지 않는 상태가 아니라 속에서 숙성되고 있는 시간이다. 침묵은 해야 할 말과 해서는 안 될 말을 구분할 수 있게 하며, 침묵의 시간을 거쳐 나오는 말은 울림이 크다.

● 톨스토이

지혜로운 사람과 어리석은 사람

지혜로운 사람은 필요한 모든 것이 자기 안에 있음을 알고
자기를 계속 변화시키려 한다.
그래서 누구에게 화낼 일도 없다.
반면 어리석은 사람은
남들이 자신에게 친절하기를 기대하고,
그렇지 않으면 화를 낸다.
바람결에 던진 먼지가 자신에게 돌아오듯
불행은 불행을 저지른 이에게 돌아온다.

 지혜로운 사람은 자신에게서 길을 찾지만 어리석은
사람은 다른 사람에게서 길을 찾는다.
지혜로운 사람은 스스로를 돕지만 어리석은 사람은 남들이
자신을 도와주기를 바란다.
지혜로운 사람은 자신을 먼저 사랑하지만 어리석은 사람은
사랑받기를 원한다.
지혜로운 사람은 문제를 자신에게서 찾지만 어리석은 사람은
상대에게서 찾는다.

주위 사람들

주위 사람들이 모두 나쁘다고 생각하는가?
만약 그렇다면 당신 자신도 나쁜 사람임에 틀림없다.
깊은 강물은 돌을 던져도 요동치지 않는다.
이렇게 본다면 타인이 던진 무례한 말에 상심하는 사람은
깊은 강이 아닌 진흙탕 웅덩이인 셈이다.

내가 잘해주면 다 좋은 사람이고, 내가 나쁘게 대하면 나쁜 사람뿐이다. 좋은 사람들만 모여 사는 곳도 없고 나쁜 사람들만 모여 사는 곳도 없다. 수영을 잘하는 사람에게는 강물의 깊이가 크게 문제가 되지 않는다. 찬바람이 조금만 불어도 기침을 하는 사람은 바람이 문제가 아니라 자신의 약한 몸이 문제다. 주위 사람들이 다 나쁠 리가 없다. 다 나쁘다면 자신에게 문제가 있다.

● 톨스토이

내 삶의 목표는 기쁨

인생은 기쁨의 연속이어야 한다.

반드시 그렇게 되어야 한다.

삶의 목표는 기쁨이다. 이것을 믿는 것이 생의 비결이다.

만일 당신이 기쁨을 느낄 수 없거든

당신의 생활 태도 어딘가가 잘못된 것이 분명하다.

인생이라는 그릇에 기쁨을 채우면 즐거운 인생이 되고, 슬픔을 채우면 슬픈 인생이 된다. 어떤 것을 채우든 그것은 자신의 선택이다. 자신의 기분을 날씨 탓으로 돌리는 사람이 있다. 비가 온다고 기분이 다 우울해지는 것은 아니다. 비가 오는 것을 더 좋아하는 사람도 있다. 꽃이 핀다고 다 좋은 것도 아니고, 꽃이 진다고 다 슬픈 것도 아니다. 그것을 바라보는 마음에 달려 있다.

고등학교 때 삶이 회색으로 보일 때가 있었다. 전혀 일어나지 않을 일을 걱정하느라 기쁨을 보지 못했다. 그때는 건강도 성적도 좋지 않았다. 1년을 어둠 속에서 헤매면서 기쁨을 얻는 방법을 알게 되었다. 기쁨은 조건이나 환경이 아니라 선택이며 습관이라는 것을.

현재에 집중하라

우리는 시간을 과거, 현재, 미래로 나눈다.

그러나 현실 속에서는

현재라는 아주 짧은 순간만이 존재한다.

그리고 그 순간이야말로 인생 전체를 집약해준다.

현재에 행하는 일만 생각하라.

과거의 일을 생각하면 후회스러워진다.

미래의 일을 생각하는 것은 공상일 뿐이다.

현재에 집중하라. 그것이 진정한 삶이다.

현재가 사라져서 과거가 되고, 미래가 다가와서 현재가 되는 것이 아니다. 과거와 미래는 애초부터 없었고 있는 것은 오직 현재 뿐이다. 우리가 기다리는 미래도 현재의 모습으로 오는 것이다. 현재에 집중하지 않으면 지금 일을 나중에 후회하게 될 것이다.

영화 〈죽은 시인의 사회〉에서 키팅 선생이 학생들에게 자주 외치던 말은 '카르페 디엠 (Carpe diem)'이다. "현재를 잡아라! 현재를 즐겨라!"는 말이다. 삶은 현재뿐이니 현재를 놓치면 삶을 놓치는 것이다.

● 톨스토이

이 순간은 삶의 선물

삶이 곧 끝나버린다고 생각하며 살라.

그러면 남은 시간이 선물로 느껴질 것이다.

지금 누리는 삶은 최고의 축복이다.

우리는 다른 때, 다른 곳에서 더 큰 행복을

얻게 되리라 기대하며

현재의 기쁨을 무시하곤 한다.

그러나 지금 이 순간보다 더 좋은 때는 없다.

우리는 태어나서 죽을 때까지 복을 바란다.

하지만 복은 이미 주어졌다.

타인을 사랑한다면 쉽게 복을 얻을 수 있다.

삶은 '오늘'의 연속이다. '오늘'이라는 선물은 내일은 없을지도 모른다.

"매일 매일 그날이 마지막인 것처럼 살다 보면, 언젠가 당신이 옳은 날이 올 것이다."

스티브 잡스가 17살 때 읽은 글이다. 이 한 줄이 그의 삶을 바꾸었다.

불꽃놀이가 아름다운 것은 금세 사라져버리기 때문이다. 행복한 사람보다 불행한 사람이 많은 것은 우리가 가지고 있는 것을 당연하게 여기고, 없는 것을 바라기 때문이다. 지금 가지고 있는 것을 누리지 못하는 사람은 다른 것을 가져도 마찬가지다.

어리석은 관습

인생에서 '세상 사람들의 생각'이라는 것보다
거짓된 지도자는 없다.
받아들여진 관습을 깨기란 쉽지 않다.
하지만 우리의 삶이 나아질수록
낡은 규칙, 관습, 견해를 깨뜨릴 힘이 생긴다.
양심에 따라 살지 못하고
남들이 정한 어리석은 규칙을 따랐던 내 모습이 부끄럽다.

'세상 사람들의 생각'이라는 것은 보편타당한 것도 있지만 평균을 벗어날 수 없다. 평균에서 벗어나려는 사람들은 세상으로부터 많은 저항을 받는다. 우주선이 대기권을 벗어날 때 엄청난 저항으로 많은 에너지가 필요한 것과 마찬가지다. 법은 나와 맞지 않아도 따라야 하지만 남들의 생각이 나와 맞지 않을 때는 따르지 않아도 된다. 그때는 나의 양심을 따르는 것이 나의 길이다. 양심은 이미 길을 알고 있기 때문이다.

우리는 "정치와 종교 이야기는 하는 것이 아니다"라는 일종의 사회적인 관습에 빠져 있다. 논쟁을 피하기 위한 방편으로 정치나 종교지도자가 만들었을지도 모르는 이런 말이 정치 발전을 저해할 수도 있다. 논쟁을 피하려면 토론하는 방법을 배워야지 이야기 자체를 하지 않는 것은 좋은 방법이 아니다.

현명한 사람

현명하고자 한다면
현명하게 질문하는 방법, 주의 깊게 듣는 태도,
그리고 더 이상 할 말이 없을 때 침묵하는 방법을
알아야만 한다.
현명한 사람은 결코 자신이 현명하다고 생각하지 않는다.
나아가 자신에게서 신의 모습이 드러난다 해도
결코 자신을 드러내지 않는다.

대답 잘하는 사람보다 질문을 잘하는 사람이, 말 잘하는 사람보다 잘 듣는 사람이 더 지혜로운 사람이다. 지혜로운 사람은 말이 적고 어리석은 사람은 말이 많다. 지혜로운 사람은 자신의 주장이 강하지 않다. 자신이 어리석을 수도 있다는 것을 알기 때문이다. 하나만 아는 사람은 자신의 주장을 굽히지 않는다. 아는 것이 그것뿐이기 때문이다. 소크라테스가 말하는 진정으로 지혜로운 자는 '모른다는 것을 아는 자'이다. 그는 자신이 아는 것이 없다는 것을 알았기 때문에 가장 지혜로운 사람이 되었다.

적합한 수준

배고플 때만 소박한 음식을 먹는다면
병에 걸릴 일도 적고
과식이라는 죄를 저지를 위험도 줄어든다.
음식, 음료수, 그리고 노동의 양을
영혼에 적합하게 조정하라.
적합한 수준을 유지할 수만 있다면
최고의 주치의를 둔 셈이다.
자기 습관의 주인이 되어라.
습관이 우리의 주인이 되도록 해서는 안 된다.

활짝 핀 꽃보다 반쯤 핀 꽃이 아름답다. 술도 반쯤 취했을 때가 가장 기분이 좋을 때고 밥도 조금 더 먹고 싶을 때가 가장 적당할 때다. 인간의 욕망은 충족되지 않는다. 일상의 부족함이 영혼을 건강하게 만든다. 욕망이 충족되어야 행복한 것이 아니다. 충족되는 순간 허탈하다. 정말 행복한 때는 욕망을 위해 노력할 때다.

● 톨스토이

영적완성

행복한 삶, 영원한 삶은 우리 인생의 과제다.

현명한 사람은 세상의 지위에 연연하지 않는다.

삶의 의미는

긴지 짧은지 고통스러운지 아닌지로 결정되지 않는다.

삶의 의미는 영적완성을 위한 노력에 있으며,

이러한 노력은 언제나 가능하다.

삶의 궁극적인 목표는 영적완성에 있다. 영적완성이란 자신이 이 세상에 온 의미를 알고 그 의미를 실천하는 것이다.

공자의 영적완성은 '종심소욕불유구(從心所欲不踰矩)'라는 말에 있다. 공자도 70이 되어서야 세상 이치를 깨달았는데 그것은 마음이 원하는 바를 따라도 법도에 어긋남이 없다는 경지다.

나의 영적완성은 자신의 한계를 극복하며 영혼이 충만한 삶을 사는 것이다. 또 자신으로 인하여 한 사람이라도 더 행복하며, 아름다운 모습으로 변화하는 것이다.

인간은 강과 같다

인간은 강과 같다.

물은 어느 강이나 마찬가지며

어디를 가도 변함없다.

그러나 강은 큰 강이 있는가 하면 좁은 강도 있으며,

고여 있는 물이 있는가 하면 급류도 있고,

맑은 물과 흐린 물, 차가운 물과 따스한 물도 있다.

인간도 이와 같다.

 강을 바꿀 수 없듯이 상대를 바꿀 수 없다. 흐린 물
을 맑게 할 수도, 굽은 강을 곧게 할 수도 없다.
"창랑의 물이 맑으면 갓끈을 씻고, 창랑의 물이 흐리면 발을
씻는다"는 말처럼 상황에 따라 대처할 뿐이다. 강 따라 흘러가
는 물이지만 물이 강 모양을 바꿀 수 있다.

강이 바뀌지 않듯이 사람도 좀처럼 바뀌지 않는다. 안 되는 것
을 억지로 바꾸려고 하니 힘든 것이다. 이것만 알아도 사는 게
힘들지 않다.

축복

진정한 기도는 세속적인 행복이나 은총을 청하지 않는다.

대신 내면의 자신과 선한 마음이

더욱 강해지기를 간구한다.

진정한 기도는 영혼을 위해 필요하다.

순간 우리의 생각이 가장 높은 곳에 이르기 때문이다.

진정한 기도는 영혼의 버팀목이다.

이를 통해 과거에 행한 일을 되돌아보고

앞으로의 행동을 방향 짓게 된다.

신에게 도움을 청하고 싶어도

한 번도 신을 본 적이 없어

어떻게 말해야 할지 모르겠다고들 한다.

우리는 사랑을 통해 신에게 말할 수 있다.

행동으로 타인을 사랑하면

이는 신이 주는 도움이자 가장 큰 축복이다.

기도와 명상은 비슷해 보이지만 다르다. 명상이 나를 찾아 떠나는 여행이라면, 기도는 절대자를 찾아 떠나는 여행이다. 명상을 하면서 절대자에게 바라는 사람은 없지만 기도를 하면서 바라는 사람은 많다. 진정한 기도는 절대자에게 바라는 것이 아니다. 자신이 필요한 것을 달라는 것이 아니라 이미 주신 것을 스스로 찾아가는 것이 진정한 기도다. 기도는 나를 버리고 신의 음성을 듣는 것이다. 자신을 이 세상으로 보낼 때의 신의 표정을 보는 것이다.

나는 기도보다 명상을 더 좋아한다. 나의 마지막 기도는 '더 이상 기도가 필요 없는 삶을 살게 해 달라'는 것이었다. 신은 나의 기도를 들어주었다. 요즘에는 명상에만 집중한다.

● 톨스토이

죽음을 기억하라

영원을 생각하지 않는 이는

인생에 대해서도 생각하지 않는다.

인간이 그저 육체적 존재라면 그 죽음은 가여울 뿐이다.

하지만 인간이 영적 존재이고

일시적으로 육체에 머무르는 것이라면

죽음은 거쳐 지나가는 변화가 된다.

죽음을 기억하며 산다는 것은

끊임없이 죽음을 생각한다는 뜻이 아니다.

늘 기쁨 속에 살면서

죽음이 찾아오는 순간을 준비한다는 뜻이다.

존재는 육체라는 수레에 타고 있는 영혼이다. 수많
은 수레를 바꾸면서 지금, 여기에 있다.

조금씩 삐걱거리는 이 수레도 언젠가는 버려야 할 때가 올 것
이다. 수레가 영원히 굴러가기를 바라는 것도 어리석은 일이
고, 언제 수레가 멈출지를 걱정하는 것도 마찬가지다. 타고 온
수레로 즐거운 마음으로 세상을 즐기는 것이 지혜다.

'메멘토 모리(Memento Mori).'

"죽음을 기억하라."

죽음을 준비하는 가장 좋은 방법은 현재에 집중하고, 많이 웃
고 즐기며 사랑하는 것이다. 죽음을 생각하면 삶의 본질을 제
외한 나머지 일들은 사소한 일이 된다. 그런 사람은 사소한 일
에 목숨을 걸지 않는다.

나이가 들수록 죽음을 더 자주, 더 구체적으로 생각하게 된다.
그럴수록 욕망이 절제되고, 삶이 더욱 아름다워지는 것을 느
낀다.

나 자신을 먼저 바꾸면

우리가 날씨를 변화시키고
구름을 없애지 못하는 것처럼
이 세상의 악을 멸절시키는 것은 불가능하다.
다른 사람을 가르치기보다는
스스로가 자신을 향상시킨다면
이 세상에 악은 줄어들 것이고
모든 사람들이 더욱더 나은 생활을 하게 될 것이다.

좋은 세상을 만들기 위하여 사람들을 바꾸려고 한다면 절대 좋은 세상을 만들지 못할 것이다. 자신이 할 수 있는 일이 있고 없는 일이 있다. 이것을 구분하는 것이 지혜다.

타인을 바꿀 수 있다고 믿는 사람들이 많다. 스스로를 바꾸는 것이 얼마나 어려운 일인지 아는 사람은 이런 시도를 하지 않는다. 타인을 바꾸려는 노력으로 자신을 먼저 바꾸는 것이 좀 더 현실적이며 가능한 일이다.

우리 부부는 시간에 대한 개념이 많이 다르다. 나는 조기 착수형이지만 아내는 마감 임박형이다. 부부가 같이 갈 때는 예정 시간 보다 늦은 경우가 많았다. 이 때문에 20년 동안 다투었지만 개선되지 않았다. 결국 내가 먼저 시간에 대한 관념을 바꾸기로 했다. 조금 늦어도 어쩔 수 없는 일이었다. 얼마 후 이상한 일이 벌어졌다. 그렇게 안 되던 아내가 시간을 지키기 시작했다. 지금은 아무 문제가 없다.

말을 하기 전에

말을 하기 전에 생각할 여유가 있다면,
당신이 말하고자 하는 것이 말할 가치가 있는지,
말할 필요가 있는지,
누군가에게 해악을 끼치지 않는지
하는 것을 깊이 생각해 보아야 한다.
대부분의 경우에는
깊이 생각함과 동시에 말할 필요가 없어져버린다.

 우리가 어떤 사실을 남에게 이야기할 때 다음 4가지
요건을 잘 갖추어야 한다.
내가 하고자 하는 말이 사실인가, 상대방에게 도움이 되는 말
인가, 지금 말하는 것이 적절한 때인가, 그리고 표현이 적절한
가를 생각해야 한다. 아무리 하고 싶은 말이라도 여기에 해당
되지 않으면 하지 않는 것이 좋다.
우리가 흔히 말실수를 하고 사과하기도 하지만 엄밀한 의미
에서 보면 말실수란 없다. 평소 생각하고 있던 것이 은연중에
나온 것이다. 인격의 수준을 말실수라는 것으로 모면해보려
는 것이다.

내 안의 행복

우리는 어딘가에 있을 좀 더 커다란 행복을 기다리며
때때로 이 인생의 행복을 소홀히 한다.
그러나 그러한 좀 더 커다란 행복 같은 것은
어디에도 있을 수 없다.

우리는 행복을 찾아 여기저기 기웃거리고 있다. 그
러나 행복은 어디에도 없다. 행복을 자신 안에서 찾
지 않고 남의 문간에서 찾기 때문이다. 만약 행복을 당신 안에
서 찾지 못한다면 어디에서도 찾지 못할 것이다. 지금 당장 찾
지 못하고 언젠가 찾으려고 한다면 영원히 찾지 못할 것이다.
행복은 지금, 당신 안에 있기 때문이다.
잡은 고기를 놓쳐야 크게 보이듯이 지금 누리는 행복이 커보
이려면 상실과 고통의 순간이 와야 된다. 지금 누리는 행복을
언젠가는 누릴 수 없다는 것을 생각하라. 바로 행복이 밀려올
것이다.

어떻게 살 것인가

올빼미는 어둠 속에서는 잘 보지만,
태양 빛이 가득한 곳에서는 장님과 같다.
학자에게도 이와 똑같은 현상이 생겨난다.
그들은 불필요한 학술상의 사소한 것들은 많이 알지만,
인생에서 가장 필요한 것, 즉
우리는 이 세상을 어떻게 살아야 하는가 하는
문제에 대해서는 아무것도 알지 못하며,
또한 알 수도 없다.

답에는 정답과 해답이 있다. 정답이란 한 치의 오차
가 없는 하나뿐인 답인데 비해, 해답은 어떠한 문제
를 해결할 수 있는 답으로 하나만 있는 것은 아니다. 학교에서
는 정답이 있는 것들만 가르친다. 어떻게 살 것인가에 대한 것
은 삶에서 가장 중요하지만 해답은 있어도 정답은 없다.
삶의 해답을 다른 사람에게서 찾지 말라. 유전자도 다르고 환
경도 다른 사람에게 찾는 것은 어리석다. 가장 좋은 것은 자
신에게 맞는 것이다. 내가 하고 싶고, 내가 잘할 수 있고, 내가
그 일을 하면서 행복하다면 그 길이 내 길이다.

고통을 피하지 마라

인간에게는 고통과 병이 필요하다.

인간은 고통을 이해하면서

육체가 일시적인 존재에 불과하다는 것을 깨닫는다.

고통과 실패가 없다면

기쁨, 행복, 성공을 무엇과 비교하겠는가.

인간은 작은 문제들로 균형을 잃는다.

반대로 커다란 문제는 인간을 영혼의 삶으로 인도한다.

고통은 우리를 괴롭히는 것 같지만 우리를 한 단계 더 높이기 위한 수단이다. 고통을 피하려고 든다면 더욱 괴롭겠지만 직면하여 극복하려고 하면 더 강해진다. 누구나 자신이 감당해야 할 고통이 있다. 지금 내 앞에 있는 고통을 피한다면 나중에 더 큰 고통을 면하기 어렵다.

니체는 말했다.

"나를 죽이지 못하는 고통은 나를 더 강하게 할 뿐이다."

지금까지 몇 번의 심한 고통을 겪었지만 죽을 정도의 고통은 아니었다. 다만 고통이 나를 죽이기 전에 죽고 싶었을 뿐이다. 그런 것을 극복하면서 더 단단해졌다.

● 톨스토이

거인들이 말한 핵심은 단순했다. 현재를 살라, 자기답게 살라, 행복은 마음속에 있다, 자신을 사랑하라, 고통까지 사랑하라, 삶과 죽음은 하나다. (…) 이미 다 알고 있는 것들이다.

그것들을 내 것으로 만들어야 한다. 사는 것이 어려운 것은 길을 몰라서가 아니다. 나 자신의 길을 찾지 못했기 때문이다. 나의 길을 찾아야 한다. 거인들의 말 속에서, 당신의 마음속에서 찾을 수 있다. 그것을 찾아 가슴에 품고 살면 당신도 어느 순간 거인의 삶처럼 될 것이다.

복서는 맞으면서도 눈을 감지 않는다.
삶에 답이 보이지 않을 때에도 흔들리거나 피하지 말라.
거인들의 지혜를 배우고 행동하라.
자신을 높은 위치로 올리면 올릴수록 멀리 보이고
지혜를 배우면 배울수록 삶의 두려움은 작아진다.

【 참고문헌 】

에머슨
세상의 중심에 너 홀로 서라
나와 마주하는 용기
자기신뢰
에머슨 수상록
에머슨 인생학 (서동석)
자연 (서동석)

쇼펜하우어
사랑은 없다
세상을 보는 방법
쇼펜하우어 인생론
쇼펜하우어 문장론
쇼펜하우어 돌이 별이 되는 철학
(이동용)

니체
차라투스트라는 이렇게 말했다
니체의 말
니체 인생론
이 사람을 보라
비극의 탄생
니체의 인생강의 (이진우)
사는 게 힘드냐고 니체가 물었다
(박찬국)
곁에 두고 읽는 니체 (사이토 다카시)

틱낫한
마음에는 평화 얼굴에는 미소
포옹
우리가 머무는 세상
힘
마음을 비워 평온하라
화해
화

안셀름 그륀
하루를 살아도 행복하게
삶을 배우는 작은 학교
머물지 말고 흘러라
신부님 내게도 행복이 올까요
당신은 이미 충분합니다
완전한 만남

그라시안
지혜의 기술
어떻게 살 것인가 묻거든
인생을 어떻게 살 것인가
나에게 주는 선물 힘이 되는 한 마디
세상을 보는 지혜
사람을 얻는 지혜